国家职业技能鉴定理论知识考试复习指导丛书

音响调音员

（初级）

劳动和社会保障部
职业技能鉴定中心　组织编写

中国财政经济出版社

图书在版编目（CIP）数据

音响调音员：初级/劳动和社会保障部职业技能鉴定中心编.
—北京：中国财政经济出版社，2005.10
（国家职业技能鉴定理论知识考试复习指导丛书）
ISBN 7-5005-8659-0

Ⅰ.音… Ⅱ.劳… Ⅲ.音频设备—调音—职业技能鉴定—自学参考资料 Ⅳ.TN912.2

中国版本图书馆 CIP 数据核字（2005）第 116657 号

中国财政经济出版社出版
URL：http：//www.cfeph.cn
E-mail：cfeph@cfeph.cn

社址：北京市海淀区阜成路甲 28 号 邮政编码：100036
发行处电话：88190406 财经书店电话：64033436
北京富生印刷厂印刷 各地新华书店经销
850×1168 毫米 32 开 5 印张 91 000 字
2005 年 11 月第 1 版 2005 年 11 月北京第 1 次印刷
印数：1—3000 定价：12.00 元
ISBN 7-5005-8659-0/TN·0004
（图书出现印装问题，本社负责调换）

国家职业技能鉴定理论知识考试复习指导丛书

编审委员会

音响调音员

（初级）

主　　编：李　萍

副 主 编：高维忠　赵炳昆

编写人员：徐连芳　徐炜元　李　坚
　　　　　孙澄宇　蔡云晴　郑双娟

前　言

为提高职业技能鉴定质量，维护国家职业资格证书的权威性，按照《职业技能鉴定规定》要求，国家职业技能鉴定实行统一命题。为此，劳动和社会保障部组织开发建设了职业技能鉴定国家题库（以下简称国家题库），全国各地、各行业有关专家参与了国家题库开发工作，1999 年国家题库正式启用。目前各省、自治区、直辖市地方分库和部分行业分库作为国家题库运行管理机构，也经过劳动和社会保障部认证，陆续开始运行。

根据劳动和社会保障部《关于启用职业技能鉴定国家题库的通知》，各地区、各部门在组织进行国家题库中已有职业（工种）鉴定时，必须从国家题库中提取。

为配合国家题库进行、使用，便于培训机构有效地组织培训，帮助考生了解国家题库，使他们能够有针对性地进行考前复习准备，劳动和社会保障部职业技能鉴定中心组织参与国家题库开发的命题专家，编写了与国家题库理论知识题库配套的《国家职业技能鉴定理论知识考试复习指导丛书》（以下简称《复习指导丛书》），并根据国家题库开发进度陆续出版发行。

在1999年版基础上，我们对《复习指导丛书》进行了补充修改。为帮助考生了解职业鉴定理论知识考试的内容、范围、考试形式和试卷结构，使考生在复习和应考时心中有数，有的放矢，目前《复习指导丛书》由“国家题库简介与复习要求”、“理论知识考试重点”、“理论知识考试复习指导”、“试题精选”和“试卷样例”等五个部分组成。书中介绍了国家题库的命题依据、试卷结构和题型题量，公布了近几年职业技能鉴定的重点内容，讲解了理论知识复习重点或难点，同时直接从国家题库中抽取部分理论知识试题和试卷样例供考生参考、练习。因此，《复习指导丛书》对广大参加职业技能鉴定的考生有重要的参考价值，是理论知识考前复习必备用书。《复习指导丛书》内容还将根据国家题库的不断更新，逐步进行补充、完善。

本《音响调音员理论知识考试复习指导丛书》在编写过程中得到了中国音像协会北京市职业技能鉴定中心和有关专家的大力支持，在此一并表示感谢。

由于时间仓促，缺乏经验，难免有不足之处，恳请各使用单位和个人提出宝贵意见和建议。

《国家职业技能鉴定理论知识考试复习指导丛书》

编审委员会

2003年6月

第一章　国家题库简介及复习要求

一、国家题库简介

（一）什么是国家题库

◎ 全称是："职业技能鉴定国家题库"；

◎ 劳动和社会保障部组织开发的用于全国职业技能鉴定的统一题库；

◎ 全国职业技能鉴定在进行国家题库中已有职业的考试或考核时，一律使用计算机从国家题库中抽取试题，组成试卷。

（二）国家题库权威性

◎ 由劳动和社会保障部组织专家开发；

◎ 本职业领域全国高水平专家参与命题。

（三）为什么要建立职业技能鉴定国家题库

◎ 有利于规范全国职业技能鉴定行为，保证职业技能鉴定质量；

◎ 有利于统一全国职业技能鉴定水平，为从业者择业、就业提供公平、客观的能力水平评价。

（四）国家题库的主要内容

◎ 理论知识题库每个职业含几千道试题。考试复习时可参考《国家职业技能鉴定理论知识考试复习指导丛书——音响调音员（初级）》；

◎ 操作技能题库根据职业特点，由涉及职业活动领域的若干试题组成。试题通过《职业技能鉴定国家题库——音响调音员（初级）操作技能考试手册》向全社会公布。

二、试题试卷简介

（一）命题依据

◎ 劳动和社会保障部 2000 年颁布的音响调音员《国家职业标准》；

◎ 劳动和社会保障部组织编写的音响调音员《国家职业资格培训教程》；

◎《理论知识鉴定要素细目表》明确了理论知识考试的具体内容。

（二）命题原则

◎ 反映本职业《国家职业标准》要求；

◎ 强调本职业实际工作中必备的知识；

◎ 不出偏题、怪题和难题。

（三）试题类型

理论知识考试采用标准化试卷，即每个级别考试试卷分为“选择题”和“判断题”两大类，满分 100 分。

◎“选择题”160 题，每题 0.5 分，共占 80 分；

◎“判断题”40 题，每题 0.5 分，共占 20 分。

（四）答题时间

按《国家职业标准》，初级理论知识考试时间为 90 分钟，中、高级理论知识考试时间为 120 分钟。

（五）答题要求

◎ 选择题为四选一题型，即试题中给出的四个选项中，只有一项为正确选项。纸笔考试时，按要求在试题前面的括号中，填写正确选项的字母；

◎ 判断题采用纸笔考试时，根据对试题的分析判断，在括号中画“√”或“×”；

◎ 采用答题卡答题时，按要求，直接在答题卡相应的答案处涂色即可；

◎ 采用计算机考试时，按要求，点击选定的答案即可。

具体答题要求，在考试前，考评人员会做详细说明。

（六）试卷生成方式

◎ 国家题库采用计算机自动生成试卷：即计算机按照本职业的《理论知识鉴定要素细目表》，从题库中随机抽取相应试题，组成试卷；

◎ 这种组卷方式，避免了以往人为影响试卷难度和试卷内容范围的倾向；

◎ 试卷的题型、题量和所涉及的范围保持相对稳定；

◎ 有利于考生把握复习的要点和重点。

三、复习注意事项

（一）阅读《国家职业技能鉴定理论知识考试复习指导丛书》（以下简称《丛书》），理解其中各项内容

◎《丛书》向考生提供了鉴定考核的重点内容，对考生把握重点，理解难点提供了详细得当的具体指导；

◎ 书中的试题精选和试卷样例均是从国家题库中抽取的，直接反映了考试内容的特点和题型特征；

◎ 考生可以了解国家题库考试重点和试题试卷特点，掌握要领，心中有数。

（二）抓住重点，全面复习

◎ 职业技能鉴定的基本目标就是为了提高劳动者素质；

◎ 职业技能鉴定以基础和必备的知识或能力考核为主要出发点和归宿；

◎《理论知识鉴定要素细目表》是《国家职业标准》的细化，是命题的直接依据；

◎ 考生在复习中要善于抓住重点，进行全面复习，对基本要领要记忆准确、理解透彻、运用熟练，并且还要在复习范围的“广”字上下功夫；

◎ 考生应对本书中的试题精选和试卷样例进行认真做答和练习，如果发现自己哪一题解答有困难，应该立即检查，发现问题所在，及时解决每个难点和问题。

（三）降低焦虑水平，做好心理调节

◎ 影响个人在考场上心理状态的因素很多，如当时的心情和身体状况、考试经验以及期待水平，等等；

◎ 参加任何一种考试，都应保持良好的心理状态。力戒焦虑，是取得好成绩的关键因素之一；

◎ 需要指出的是：动机水平过高，行为就要受到干扰，也就是说，如果太想做好某件事，反而可能达不到目标；

◎ 考生应根据自己的实力，订立一个切实可行的期待目标，这是降低考试焦虑水平之有效的一种方法。

第二章　理论知识考试重点

一、考试重点说明

◎《理论知识鉴定要素细目表》既是国家题库命题和抽题组卷依据，同时也是考试的重点；

◎《理论知识鉴定要素细目表》是按照国家职业标准的结构和内容细化而成，表中的鉴定点就是理论知识考试的知识点；

◎《理论知识鉴定要素细目表》中，每个鉴定点都有重要程度指标，即鉴定点后标注的“X”、“Y”、“Z”。

其中：

“X”表示“核心要素”，是考核中最重要、出现频率也是最高的内容；

“Y”表示“一般要素”，是考核中出现频率一般的内容；

“Z”表示“辅助要素”，在考核中出现的频率较低。

◎《理论知识鉴定要素细目表》中，每个鉴定内容都有鉴定比重指标，它表示在一份考试卷中该鉴定内容所占的分数比例。例如，某一鉴定内容的鉴定比重为5，就表示在组成100分为满分的试卷中，该鉴定内容所占分值为5分。

二、理论知识鉴定要素细目表

音响调音员（初级）理论知识鉴定要素细目表

鉴定范围									鉴定点		
一级			二级			三级			代码	名称	重要程度
代码	名称	鉴定比重	代码	名称	鉴定比重	代码	名称	鉴定比重			
A	基本要求(75:05:00)	40	A	职业道德(20:00:00)	10	A	基本知识(20:00:00)	10	001	职业道德的基本内涵	X
									002	市场经济条件下,职业道德的功能	X
									003	企业文化的功能	X
									004	职业道德对增强企业凝聚力、竞争力的作用	X
									005	职业道德是人生事业成功的保证	X
									006	文明礼貌的具体要求	X
									007	爱岗敬业的具体要求	X
									008	对诚实守信基本内涵的理解	X
									009	办事公道的具体要求	X
									010	勤劳节俭的现代意义	X
									011	企业员工遵纪守法的要求	X
									012	团结互助的基本要求	X
									013	创新的道德要求	X
									014	职业守则的内容一	X
									015	职业守则的内容二	X
									016	禁止播放的音像内容	X
									017	爱护设备	X
									018	尊师爱徒	X
									019	努力学习	X
									020	热心服务	X
			B	基础知识(55:05:00)	30	A	声学基本知识(15:01:00)	8	001	声音的概念	X
									002	可闻声音的频率范围	X
									003	混响时间 T60 的赛宾公式	X
									004	复音的概念	X
									005	声波传播的现象	X
									006	常用测试用噪声的名称	Y
									007	声波的产生	X
									008	多孔型吸声材料的种类	X
									009	声场的概念	X
									010	声音波长、频率和声速的关系	X
									011	声音三要素的名称	X
									012	等响度曲线的概念	X

续表

鉴定范围									鉴定点		
一级			二级			三级			代码	名称	重要程度
代码	名称	鉴定比重	代码	名称	鉴定比重	代码	名称	鉴定比重			
A	基本要求（75:05:00）	40	B	基础知识（55:05:00）	30	A	声学基本知识（15:01:00）	8	013	单位“方”的含义	X
									014	响度级的确定	X
									015	频率的概念	X
									016	波长的概念	X
						B	电工基础知识（20:00:00）	10	001	电压的单位	X
									002	电流的单位	X
									003	电功率的单位	X
									004	电流的概念	X
									005	电压的概念	X
									006	电功率的概念	X
									007	电路结构的基本组成	X
									008	电路三种工作状态的名称	X
									009	晶体三极管三个电极的名称	X
									010	电路断路时的特点	X
									011	部分电路的欧姆定律	X
									012	直流电的概念	X
									013	交流电的概念	X
									014	串联电路的性质	X
									015	并联电路的性质	X
									016	混联电路的等效电阻计算	X
									017	色环电阻阻值的识别方法	X
									018	电容器主要参数的指标	X
									019	晶体三极管的分类	X
									020	晶体三极管三个电极的排列方式	X
						C	音响技术基础知识（18:04:00）	11	001	降噪系统的分类	Y
									002	高、低通滤波器的通频带	Y
									003	周边设备的基本作用	X
									004	常用周边设备的种类	X
									005	传声器作为换能器的基本作用	X
									006	扬声器作为换能器的基本作用	X
									007	最主要的两大类传声器的名称	X
									008	动圈式传声器的基本结构	X
									009	动圈式传声器的基本工作原理	Y
									010	电容式传声器的基本结构	X
									011	电容式传声器的基本工作原理	Y
									012	传声器灵敏度的概念	X
									013	扬声器频率响应的概念	X
									014	传声器指向特性的概念	X
									015	功率放大器阻尼系数的概念	X
									016	功率放大器中总谐波失真的概念	X
									017	功率放大器中峰值音乐功率的概念	X

续表

鉴定范围									鉴定点		
一级			二级			三级			代码	名称	重要程度
代码	名称	鉴定比重	代码	名称	鉴定比重	代码	名称	鉴定比重			
A	基本要求(75:05:00)	40	B	基础知识(55:05:00)	30	C	音响技术基础知识(18:04:00)	11	018	功率放大器中最大输出功率的概念	X
									019	扬声器额定功率的概念	X
									020	扬声器灵敏度的概念	X
									021	压力区域传声器的特点	X
									022	专业无线传声器信号调制的方法	X
						D	安全用电基础知识	1	001	安全电压的标准	X
									002	电气设备保护接地的方法	X
B	相关知识(74:46:00)	60	A	设备安装(40:20:00)	30	A	音响设备连接(20:00:00)	10	001	传声器负载阻抗的选择	X
									002	心形传声器的摆放	X
									003	声源与传声器的角度(一)	X
									004	声源与传声器的角度(二)	X
									005	拾取管弦乐队声音时传声器的摆放	X
									006	演唱流行歌曲或民歌时传声器的摆放	X
									007	鹅颈传声器的摆放	X
									008	线材纯度的表示方式	X
									009	常用音频接插件的种类	X
									010	卡侬插头与插座的基本结构	X
									011	卡侬插头与插座的连接方式	X
									012	大二芯插头与插座的基本结构	X
									013	大二芯插头与插座的使用方法	X
									014	大三芯插头与插座的基本结构	X
									015	大三芯插头与插座的使用方法	X
									016	常用幻象电源的供电电压值	X
									017	传声器与调音台接口匹配的内容	X
									018	传声器输出阻抗与调音台输入阻抗间的关系	X
									019	MD机与调音台的连接方法	X
									020	CD机与调音台的连接方法	X
						B	视频设备连接(03:17:00)	10	001	常用视频播放设备的种类	Y
									002	常用视频显示设备的种类	Y
									003	CGA的概念	Y
									004	CGA信号的行频	Y
									005	CGA信号的场频	Y
									006	NTSC制式的概念	Y
									007	PAL制式的概念	Y
									008	SECAM制式的概念	Y
									009	馈线规格	Y
									010	RGB格式的连接插口	X
									011	DVD分量输出的连接插口	X
									012	普通视频信号输出的连接插口	X

续表

鉴定范围									鉴定点		
一级			二级			三级			代码	名称	重要程度
代码	名称	鉴定比重	代码	名称	鉴定比重	代码	名称	鉴定比重			
B	相关知识（74:46:00）	60	A	设备安装（40:20:00）	30	B	视频设备连接（03:17:00）	10	013	EGA 的概念	Y
									014	VGA 的概念	Y
									015	VGA 信号的行频	Y
									016	EGA 信号的行频	Y
									017	SVGA 信号的行频	Y
									018	SVGA 信号的场频	Y
									019	VGA 信号的场频	Y
									020	EGA 信号的场频	Y
						C	电工仪表使用（17:03:00）	10	001	测量直流电流的方法	X
									002	测量交流电压的方法	X
									003	测量直流电压的方法	X
									004	常规万用表的音频电平量程	X
									005	常规万用表的晶体管直流放大值量程	X
									006	常规万用表的电感量程	X
									007	常规万用表的的电容量程	X
									008	使用万用表对扬声器的测量(一)	X
									009	使用万用表对扬声器的测量(二)	X
									010	使用万用表对扬声器的测量(三)	X
									011	判定二极管极性的方法	X
									012	测二极管电阻的方法	X
									013	使用万用表对扬声器的测量(四)	X
									014	测量电容器的方法	X
									015	判定电容器是否漏电的方法	X
									016	优质线材的电阻值	Y
									017	劣质线材的电阻值	Y
									018	对连线的测量方法(一)	X
									019	对连线的测量方法(二)	X
									020	消磁器的工作原理	Y
			B	调音（30:10:00）	20	A	调音台的使用（10:10:00）	10	001	调音台的定义	Y
									002	调音台在音响系统中的地位	Y
									003	MONO 输出的特点	X
									004	调音台的基本分类	X
									005	调音台的基本组成	X
									006	MONITOR 旋钮的作用	X
									007	GAIN 旋钮的调节要领	X
									008	调音台的关闭顺序	X
									009	0dBm 对应的 dBv 值	Y
									010	－10dBm 对应的 dBv 值	Y
									011	＋4dBm 对应的 dBv 值	Y
									012	架空明线的特性阻抗	Y

续表

鉴定范围									鉴定点		
一级			二级			三级					
代码	名称	鉴定比重	代码	名称	鉴定比重	代码	名称	鉴定比重	代码	名称	重要程度
B	相关知识(74:46:00)	60	B	调音(30:10:00)	20	A	调音台的使用(10:10:00)	10	013	dBv的概念	X
									014	实际电压2V对应的dBm值	Y
									015	实际电压1V对应的dBm值	Y
									016	实际电压0.5V对应的dBm值	Y
									017	实际电压0.1V对应的dBm值	Y
									018	PAN旋钮的作用	X
									019	PEAK指示灯的作用	X
									020	调整输入电平的注意事项	X
						B	周边设备的使用(20:00:00)	10	001	均衡器的主要作用	X
									002	常用均衡器的种类	X
									003	31段均衡器的频段设定规则	X
									004	汉语发音的能量分布	X
									005	英语发音的能量分布	X
									006	女高音的基频	X
									007	男高音的基频	X
									008	均衡器中电平控制的注意事项	X
									009	效果器的基本用途	X
									010	Adjust的中文意义	X
									011	Program的中文意义	X
									012	Variation的中文意义	X
									013	Bypass的中文意义	X
									014	MIX的中文意义	X
									015	TAP的中文意义	X
									016	Effects的中文意义	X
									017	Tremolo的中文意义	X
									018	Pitch的中文意义	X
									019	“削波”的英文表示	X
									020	Delay的中文意义	X
			C	调光(04:16:00)	10	A	小型歌舞厅灯光、照明设备的安装及使用(04:16:00)	10	001	光通量的单位	X
									002	发光频率的定义	X
									003	发光强度的单位	X
									004	亮度的单位	X
									005	月光的色温	Y
									006	日光的色温	Y
									007	白炽灯的色温	Y
									008	高压钠灯的色温	Y
									009	荧光灯的色温	Y
									010	用加色法形成黄光的方式	Y
									011	用加色法形成青光的方式	Y
									012	用加色法形成品红光的方式	Y
									013	用减色法形成黄光的方式	Y

续表

<table>
<tr><th colspan="9">鉴定范围</th><th colspan="3">鉴定点</th></tr>
<tr><th colspan="3">一级</th><th colspan="3">二级</th><th colspan="3">三级</th><th rowspan="2">代码</th><th rowspan="2">名　称</th><th rowspan="2">重要程度</th></tr>
<tr><th>代码</th><th>名称</th><th>鉴定比重</th><th>代码</th><th>名称</th><th>鉴定比重</th><th>代码</th><th>名称</th><th>鉴定比重</th></tr>
<tr><td rowspan="7">B</td><td rowspan="7">相关知识
(74:46:00)</td><td rowspan="7">60</td><td rowspan="7">C</td><td rowspan="7">调光
(04:16:00)</td><td rowspan="7">10</td><td rowspan="7">A</td><td rowspan="7">小型歌舞厅灯光、照明设备的安装及使用
(04:16:00)</td><td rowspan="7">10</td><td>014</td><td>标志照明灯的作用</td><td>Y</td></tr>
<tr><td>015</td><td>灯具按动作方式的分类</td><td>Y</td></tr>
<tr><td>016</td><td>应急照明灯的作用</td><td>Y</td></tr>
<tr><td>017</td><td>应急照明灯的特点</td><td>Y</td></tr>
<tr><td>018</td><td>灯具按光源构成的分类</td><td>Y</td></tr>
<tr><td>019</td><td>灯具按光学特点的分类</td><td>Y</td></tr>
<tr><td>020</td><td>灯具按控制方法的分类</td><td>Y</td></tr>
</table>

第三章　理论知识考试复习指导

一、基本要求

（一）鉴定要求

初级音响调音员的基础知识要求考生掌握职业道德基本知识、声学基本知识、电学基础知识、音响设备连接知识、视频设备连接知识、电工仪表使用知识、调音台的使用知识、周边设备的使用知识、小型歌舞厅灯光、照明设备的安装及使用知识、安全用电和消防基础知识、相关法律、法规知识。

（二）复习重点难点

1. 职业道德基本知识

（1）职业道德的基本内涵。职业道德是指从事一定职业劳动的人们，在特定的工作和劳动中以其内心信念和特殊社会手段来维持的，以善恶进行评价的心理意识、行为原则和行为规范的总和，它是人们在从事职业的过程中形成的一种内在的、非强制性的约束机制。职业道德有三方面的特征：一是范围上的有限性；二是内容上的稳定性和连续性；三是形式上的多样性。

（2）市场经济条件下，职业道德的功能。在市场经济条件下，职业道德具有促进人们的行为规范化、提高企业竞争力的作用。

（3）企业文化的功能。职业道德是企业文化的重要组成部分。企业文化贯穿于企业生产经营过程的始终，对于社会的进步、企业的发展和企业职工积极性、主动性和创造性的发挥都具有重要的功能和价值。企业文化的功能包括：自律功能、导向功能、整和功能、激励功能。

（4）职业道德能起到增强企业凝聚力、竞争力的作用。职业道德是增强企业凝聚力的手段，是协调职工同事关系的法宝，有利于协调职工与领导之间的关系，有利于协调职工与企业之间的关系。职业道德可以提高企业的竞争力。

（5）职业道德是事业成功的保证。职业道德是事业成功的重要保证，没有职业道德的人干不好任何工作；职业道德也是个人事业成功的重要条件，每一个成功的人往往都有较高的职业道德。

（6）文明礼貌的具体要求。文明礼貌是从业人员的基本素质，遵循文明礼貌的职业道德规范，必须做到仪表端庄、语言规范、举止得体、待人热情。

在职业交往活动中，仪表端庄的基本要求是：着装朴素大方、鞋袜搭配合理、饰品和化妆要适当，面部、头发和手指要整洁、站姿端正。

在职业交往活动中，职业用语的基本要求：语感自然、语气亲切、语调柔和、语速适中、语言简练；要用尊称敬语；不用忌语，说好“三声”，即招呼声、询问声、道别声；讲究语言艺术。

在职业交往活动中，举止得体的具体要求是：态度恭敬、表情从容、行为适度、形象庄重。

在职业交往活动中，待人热情的具体要求是：微笑迎客、亲切友好、主动热情。

（7）爱岗敬业的具体要求。在市场经济条件下，爱岗敬业的具体要求是：树立职业理想、强化职业责任、提高职业技能。

（8）对诚实守信基本内涵的理解。诚实守信是维护市场经济秩序的基本法则，在市场经济条件下，可以通过诚实合法劳动，实现利益最大化。

从业人员诚实守信的具体要求是：一要忠诚所属企业，诚实劳动、关心企业发展、遵守合同和契约；二要维护企业信誉，树立产品质量意识、重视服务质量、树立服务意识；三要保守企业秘密。

（9）办事公道的具体要求。从业人员在进行职业活动时要做到坚持真理、公私分明、公平公正、光明磊落。

公平公正的具体要求是：按照原则办事、不徇私情、不怕各种权势、不计个人得失。

（10）勤劳节俭的现代意义。勤劳节俭是人生美德，其现代意义在于它是促进经济和社会发展的重要手段，有利于企业增产增效，有利于企业可持续发展。

2. 声学基本知识

从事音响调音员职业的工作掌握声学基本知识是十

分必要的。

重点是纯音的定义、复合音的定义、声波传播的几种现象、常用测试用噪声的名称、人耳的听觉特性、声场的定义、吸声和吸声材料、等响曲线的定义、人耳灵敏度与频段的关系、声波传播的几种状态：包括声波的反射、声波的绕射、声波的散射、声波的衰减、声波的吸收、声音在空气中传播速度的数值、声音波长、频率和声速的关系、早期反射声定义、混响时间 T60 定义、A 计权知识、倍频程的定义、共振声缺陷定义、隔声定义、立体声最佳听音点的确定方法、听觉的掩蔽效应、初始延迟（预延迟）的定义、早期反射声对听感的贡献、声波的干涉和驻波等。

（1）物体的机械振动经媒质由近向远传播形成声波，声音是声波作用于人耳所引起的主观感受，人耳可闻声音频率范围是 20Hz—20kHz。低于 20Hz 的声音称为次声波，高于 20kHz 的声音称为超声波。声波存在的空间称为声场。声音分为纯音、复合音、乐音和噪声，纯音是单一乐调感觉的声音，复合音是许多音调组合的声音，噪声分为有用噪声和干扰噪声，有用噪声作为测试用噪声主要有粉红噪声和白噪声。

由于声源大多可看作点声源，发出的球面声波的声强是与距离的平方成反比的，因而听音人距离声源越远，听到的直达声强度就会越弱。

（2）室内扩声是否良好，涉及建筑材料声学特性和建筑结构设计等许多因素，正确使用隔声、吸声材料，合理设计建筑结构，是建筑工程中必须考虑的重要问题。

吸声和隔声：

反映物质吸声特性有两个重要参量：吸声系数和吸声量。

吸声系数的定义是：$a=\frac{E_{in}-(E_r+E_t)}{E_{in}}$，其中 a 是吸声系数，E_{in} 是入射声的总声能，E_r 是材料反射声的总声能，E_t 是透射声的总声能。$a=0$ 这种材料为全反射材料，$a=1$ 这种材料为全吸收材料，各种物质的吸声系数一般在 0—1 之间，$a=0$ 和 $a=1$ 的材料难于寻找。

吸声量 A 的计算方法是：$A=Sa$，S 为材料表面积，单位是 m^2。

多孔吸声材料的吸声原理是：声波进入多孔材料表面，声波沿微孔进入材料内部，引起孔隙中空气振动，由于存在摩擦和空气的粘滞阻力，使一部分声能转化为热能而损耗掉，从而达到吸声的目的。

薄板吸声材料的吸声原理是：薄板在声压作用下产生振动，薄板固定在墙体前的龙骨上，与墙体形成共振密闭腔，共振时对声波吸收很大。

挂帘织物吸声材料利用织物纤维多孔特点和织物褶皱形状吸收声波。

穿孔吸声材料利用胶合板穿孔，板后与墙体形成空腔，对声波做共振吸收。

隔声是指将声音局限在一定的空间范围内传播，不使向外泄漏，或者采用某些措施，隔离外部声音进入规定的空间。

隔声量用 R 表示，$R=10\lg\frac{1}{\tau}$，τ 是透射系数。

（3）人耳听觉感受和客观量之间的关系称为听觉特性。主观感觉一般用响度、音调和音色来表示，即音质三要素包括：音量、音调和音色。等响曲线反映了人耳对响度的主观感觉，其定义是典型听音者听到的纯音相等响度时声压级和频率的关系曲线。表示响度级的单位在声学上采用专门的单位“方”，“方”的含义是典型听音者听到某个声音的响度与 1kHz 纯音响度相同，这个 1kHz 纯音的声压级的分贝数就是典型听音者听到的声音的响度级“方”。人耳对中频段的声音（大约 1kHz—3kHz）反应最为灵敏。

人耳听觉对于声音频率变化能察觉到的最小范围称为人耳的频率分辨率。对于 1kHz 以下的频率为±3Hz，对于 1kHz 以上的频率为 $\Delta f/f=0.003$，其中 f 为某一固定频率，Δf 为人耳能分辨的频率相对变化值。人耳对声音声压级的变化能察觉到的最小变化值称为声压级分辨率，一般为±2dB。

等响曲线：

典型听音者（18—25 岁年轻人）听到的纯音相等响度时声压级和频率的关系曲线，如图 3—1 所示。

（4）频率、波长、声速。

频率：

声音引起的听觉作用，不仅取决于声压大小，还和声波频率有关系，声波频率即每秒钟内的振动次数，用符号 f 表示，单位为赫兹，赫兹的符号为 Hz。

波长：

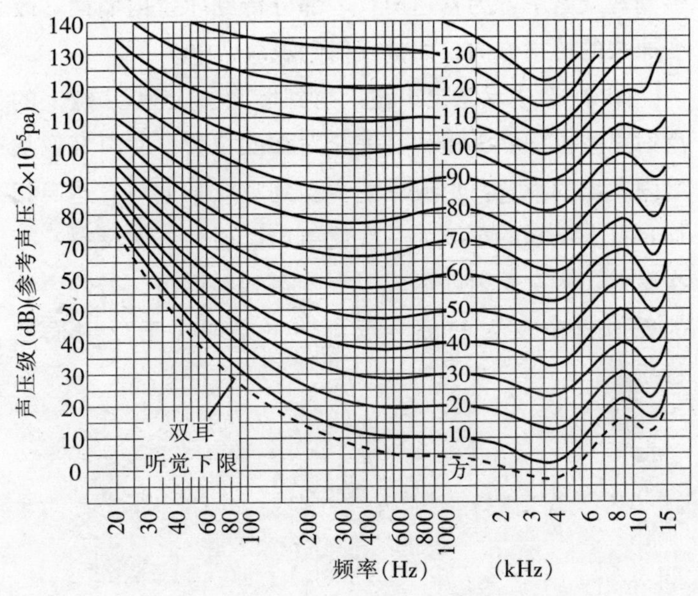

图 3—1 人耳听觉纯音等响曲线

声振动一周所传播的距离称为波长，用 λ 表示，单位为 m。

声速：

声波每秒种内传播的距离称为声速，用符号 C 表示，单位为 m/s。

声音在空气中的传播速度为 343m/s。

声波的频率、声速和波长的关系是 $\lambda=\frac{C}{f}$。

（5）声波传播中的几种状态。

声波的反射：

声波在传播的过程中，遇到另一种媒质介面被反射回来。像在厅堂演出时，演出节目的声波，一部分直接传到观众席中，为直达声；一部分传到厅堂内墙面，改变原来的传播方向，而被反射到观众席中。

图 3—2 中示意出声波入射到墙面 A 点和 B 点上的反射声波方向，S′和 S 是完全对称的位置，使声好像从墙内发出的声音，形成反射声。到观众席上与直达声相加，首次反射的声波为一次反射声，还有二次反射、三次反射，多次反射即形成了混响声和延迟声。另外声波的反射有全反射和部分反射，主要取决于反射面的材质。

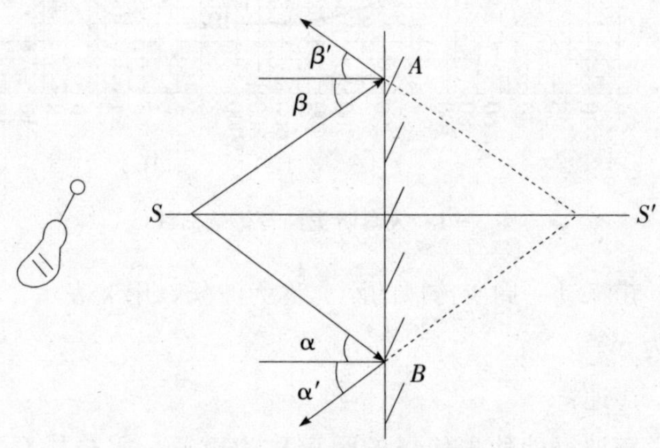

图 3—2　声波遇到墙的反射

声波的绕射：

声波遇到墙面除了反射之外，还会沿着墙面边缘而弯曲线路向前继续传播，俗称绕道而行，这种声波绕过墙面边缘或柱面、洞孔等进行继续传播叫声绕射。

声绕射和声波波长及绕射面大小有关，绕射面小于波长许多，声波会绕过物体表面，当声波波长与绕射面大小相当或波长比绕射面小很多时，声波会有一部分产生绕射，而另一部分被阻挡的地方形成声影区，即被遮挡处没有相应波长的声波存在。

声波散射：

声波向各个方向的不规则反射，形成散射。如剧场、厅堂中的凸形墙面，就是起到声波碰到凸形面时产生散射，以调节声场效果。

声波的衰减：

声波在媒质中传播的过程中，由于反射、散射、吸收等原因，使声能量损失。

声吸收：

声波传播经过媒质时，声能通过媒质材料进行转换，可能会损失一些能量，这种能量损失就是声吸收。如各种不同的吸声材料，声波通过吸声材料的空隙时，声能转变为热能。在音乐厅内墙壁上的多孔吸声板就起吸收的作用。

声波的干涉：

两个频率相同的声波传到空间里一点时常会发生干涉现象，如果它们的相位相同，两个声波的振幅在相同的相位情况下，将叠加。如图 3—3（a）所示。如果它们的相位相反，互相抵消，如图 3—3（b）所示。如果两个声波的相位不是完全相同或相反，而是存在一定的相位差，则声波有时增加，有时减少，如图 3—3（c）所示。

干涉现象在扩声中也会经常遇到，干涉现象会引起空间各点声场之间的很大差异。了解了声波的干涉，在

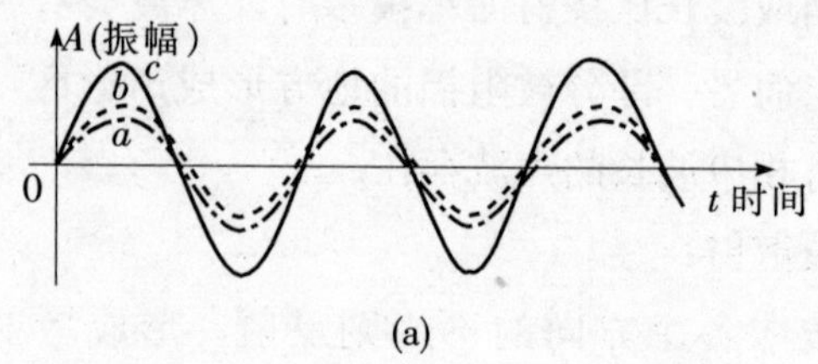

(a)

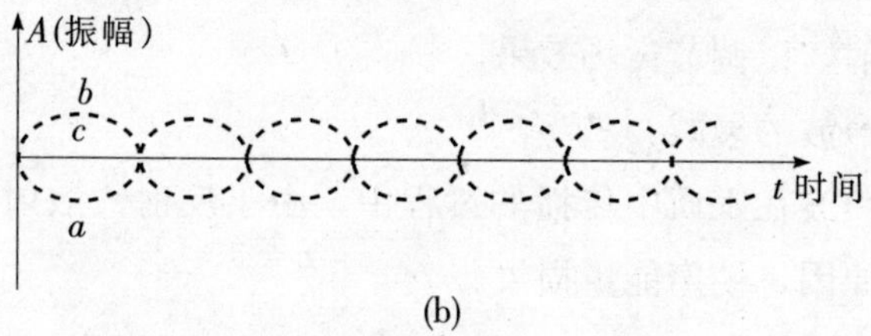

(b)

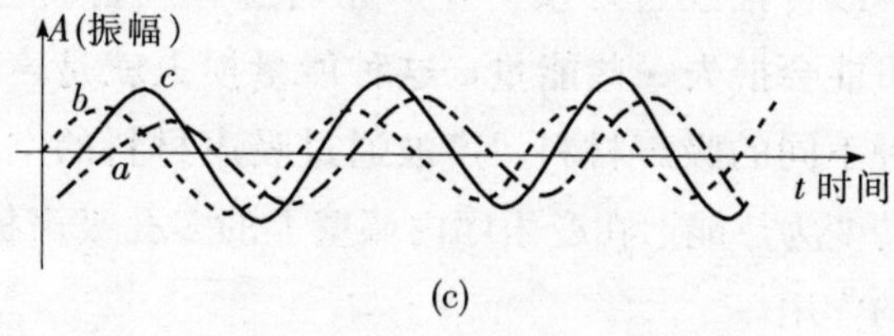

(c)

图 3—3　声波的干涉

(a) 同相位相加　　(b) 反相位相减

(c) 不同相位差时，有时加强有时减弱

调音时应引起注意，尤其是传声器的拾声和扬声器的放声更应合理掌握干涉的调整。

驻波：

由于频率相同的同种类自由声波互相干涉而形成的空间分布固定的周期波，驻波的特点是具有固定空间分布的波节和波腹。

（6）直达声、反射声、混响声、混响时间。

由声源直接传播到听音者耳中的声音称为直达声，直达声按照视线距离传到人耳，它携带声源方向的信息，反映声源的瞬态特性，决定声音的清晰度。在厅堂内听到直达声以后，最早听到的反射声称为早期反射声，50ms 以内的早期反射声有助于加强直达声的力度和清晰度。混响声是多次无规则反射传到听音者耳中的声音，相互间隔很密，混响声不携带声源方向信息，它只延长声音的持续时间，增加声音响度，提高声音的丰满度。在声场内部设置扩散体，使声音发生扩散，目的是为了使声场内各个部位的声压级大致均匀，同时可以有效地消除声像颤动和回声一类的声场缺陷。

混响时间 T60 的定义是室内声音达到稳定状态，声源停止发声后，残留声音在房间内继续反射，声压级下降到比原来的声压级低 60dB 所需要的时间。混响时间 T60 的赛宾公式是：$T_{60}=\frac{KV}{A}=\frac{0.161\times V}{S\times\bar{a}}$。其中：$V$ 是房间容积，A 是总吸声量，$\bar{a}$ 是平均吸声系数，S 是室内总表面积。

（7）人耳听觉的几种效应。

双耳效应：

双耳效应是一种定位效应。人耳两只，分隔 10 厘米左右，对于声源发声方位能进行判断。一般对 1kHz 以上的声音，靠双耳的声强差定位，而对于 1kHz 以下的声音定位靠双耳的相位差（或时间差）判断。双耳定位声源方位的能力称为双耳效应，这种效应是立体声的听音的重要条件。

掩蔽效应：

两个声源同时发声，人耳听其中一个声源发声会因为另一个声源的存在而受到干扰，使该声的听阈提高才能听到，这种现象叫掩蔽效应。人们在听很大的音乐声时，在大声过后 120ms 内听不见噪声，便是这种掩蔽效应的体现。

哈斯效应：

两个同样的声音（频率、幅度相同），到达人耳，会出现 3 种情况：

① 一个声音比另一个声音先到达 5ms—30ms，则会感觉到一个延长了的声音，它来自先到达声音的方向，迟到声音好像不存在。

② 如两个声音先后到达 30ms—50ms 的时间差，就会感到存在两个声音，声音的方向仍由先到达的决定。

③ 若两个声音先后到达时间在 50ms 以上，则可清楚地听到两个声音来自各自方向。

劳氏效应：

是一种赝立体声效应，将一个延迟声信号以反相叠加在直达声信号上，它即产生出一种明显的空间印象，声音似乎来自四面八方，听音者置身其中。

耳廓效应：

也称单耳效应，单耳的耳朵轮廓对不同方位的声音，各部分反射声信号之间存在微秒级的时间差，这给听音者带来方位判断的信息。

德波埃效应：

两扬声器放置在听音者正前方，左右对称位置，二只扬声器放出相同声音，其声强差△I=0，时间差△T=0，听音者觉得声源发声来自中间方向，若△I≥15dB或时间差△T≥3ms，听音者觉得声源声像来自较响的扬声器方向或来自较先到达声音的那只扬声器方向。

多普勒效应：声源与听音人处于相对运动状态时，听音人会感觉到声源所发声音的频率有变化，这种现象称为多普勒效应。

立体声最佳听音位置在左右扬声器连线为底边的等边三角形的顶点处。

（8）乐声的频率。

自然界中发声体发出的声音，从其频率特性区分，可分为两类，一类是纯音，也就是单一频率成分的声音，在频谱结构上（各种频率成分的强度分布，简称频谱）表现出单一的频谱线，属于这类发音的声源很少。另一类是复合音，它是由多种频率成分组成的音，在频谱上表现出多根谱线，依据发声体的特性，产生的谱线各不相同，自然界里绝大部分发声体发出的声音都是复合音，人的歌声、器乐的乐声都是复合音。发生体发出声音的频率成分愈多，音色愈丰富。对于声乐和器乐而言，发出的声音除基本频率（即基音）成分之外，还存在许多高次谐波频率成分（如：基音频率成分为 f_0，则 $2f_0$；$3f_0$；$4f_0$……等高次谐波成分），即泛音成分很多，一般而言，声音音色丰富，声音动听。

在音乐中，分声乐和器乐，声乐指人声演唱（包括男、女声演唱），器乐指各种各样的乐器演奏，他们的发声各具特色，发声的频率范围也不相同。一些常听到的各种乐器频率范围，其中管风琴的频宽最宽，频率低至 16Hz，高至 8.4kHz 左右，其次是钢琴，低端为 28Hz，高端为 4.4kHz。定音鼓频率范围最窄，从 90Hz—182Hz。

（9）名词解释。

① 粉红噪声：用恒定百分比的频率宽度测量时，频谱连续且均匀的噪声。也就是在宽广频率范围内恒百分比带宽能量相等的噪声。在对数频率坐标中，其能量分布是均匀的，而在线性频率坐标中，其能量分布每倍频程下降 3 dB。“粉红”是从光学名词中借用的，相对于白噪声而言的，是低频成分较多的意思。

② 倍频程：两个频率相比为 2 的声音间的频程，一倍频程之间为八度的音高关系，即频率每增加一倍，音高增加一个倍频程。如果在一个倍频程的上、下限频率之间再插入两个频率，使 4 个频率中各相邻两频率之比相等，其比值符合 $2^{1/3}$ 关系。这样将一个倍频程划分为 3 个频程，称这种频程为 1/3 倍频程。

③ 声回授：音箱能量的一部分通过声传播方式传到传声器而引起的啸叫现象。

3. 电学基础知识

常用的物理量和其单位，包括名称、符号、单位、单位符号（如：电阻，符号 R、单位欧姆、单位符号 Ω）。

在电学和声学中，常用物理量采用米、千克、秒制（用符号 SI 来表示）。如表 3—1 所示。

表 3—1 音响调音中常用物理量和单位（国际单位制）

名称	符号	单位	单位符号	名称	符号	单位	单位符号
电流	I	安（培）	A	频率	F	赫（兹）	Hz
电荷	Q	库（仑）	C	相位差	ϕ	弧度	rad
电压	E	伏（特）	V	波长	λ	米	m
介电常数	T	法/米	F/m	波数	K	弧度/米	rad/m
电感	L	亨（利）	H	声速	C	米/秒	m/s
电容	C	法（拉）	F	声压	P	帕	Pa
电阻	R	欧（姆）	Ω	体积速度	U	米^3/秒	m^3/s
电导	G	西（门子）	S	声强	I_a	瓦/米^2	W/m^2
电阻抗	Z	欧（姆）	Ω	声功率	W_a	瓦	W
导纳	Y	西（门子）	S	声质量	M_a	千克/米^4	kg/m^4
磁场强度	H	安/米	A/m	声劲	S_A	帕/米^3	Pa/m^3
磁通密度	B	特（斯拉）	T	声顺	C_A	米^3/帕	m^3/Pa
磁通量	Φ	韦（伯）	Wb	声阻	R_A	帕·秒/米^3	Pa·s/m^3
磁导率	μ	亨/米	H/m	声阻抗	Z_A	帕·秒/米^3	Pa·s/m^3
磁阻	R_m	每亨	H^{-1}	响度	N	宋	Son
密度	ρ	千克/米^3	kg/m^3	响度级	L_n	分贝（方）	dB
质点速度	V	米/秒	m/s	声压级	L_p	分贝	dB
周期	T	秒	S	声强级	L_I	分贝	dB
质量加速度	A	米/秒^2	m/s^2	声功率级	L_w	分贝	dB
角频率	ω	孤度/秒	rad/s	声阻抗率	Z_s	帕·秒/米	p·s/m

电和电路的基本概念，包括电场和电场强度、电流和电路、电压、欧姆定律和电功率。直流电路包括电阻串联电路、电阻并联电路、电阻混联电路。交流电路包括交流电的产生、交流电的周期、频率和相位、电磁感应原理。

（1）电场和电场强度。

带同性电荷的物体相斥，带异性电荷的物体相吸，在我们的实践中，经常遇到有电荷存在，电荷周围就一定有电场存在，静止电荷产生的电场叫静电场，静电场对其中任何电荷都有力的作用。这个力的大小和方向随受力电荷所带电量的大小和性质而不同，用电场强度表示这个特性。电场强度用符号 E 来表示。电荷受力用 F 表示，称为电场力。电荷所带电量用 q 表示，故：

$$E=F/q \tag{3—1}$$

（2）电流和电路。

① 电流：电荷有规则地移动形成了电流。

在没有电场作时，金属导体中的自由电子只存在着无规则的运动，不能形成电流，若在导体两端加上异向电荷的带电体，导体内就有了电场，在电场力的作用下，导体内部的自由电子作和电场方向相反的移动形成电流。当带电体一离开，导体中的电流停止流动，若加上一个具有正负极性的电源就能维持导体电流的流动，电流符号为 I，单位为安培，单位符号为 A。

② 电路：电流流经的路径叫电路，最基本的电路是由电源，负载和它们之间连接用的导线所组成。若加上开关来控制，就是简单的控制电路，如图 3—4 所示。

图中

E 为电源：将其他形式的能转换为电能，供给电路用电。

R1、R2 为负载，是把电能转换为光能的灯 1、灯 2 或其他之用电的设备。

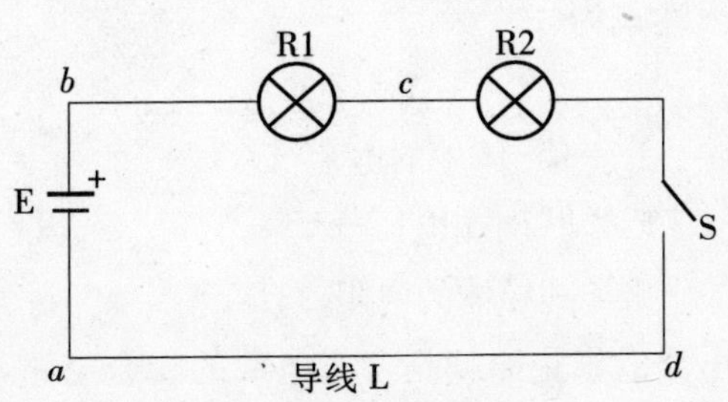

图 3—4　最简单电路

L 为联接导线，输送和分配电能。

S 为控制开关，控制电路的通和断。电路有 3 种状态：

A. 通路——开关 S 接通，构成闭合电路，电路中有电流；

B. 断路——开关 S 断开，构成开路，电路中无电流；

C. 短路——a、b 两点用导线直接连通为电源短路，c、d 两点用导线直接连通为负载 2 短路，也就是灯 2 被短路。

③ 电压：又称电位差。是衡量电场作功本领大小的物理量。在电路中若电场力将电荷 q 从 b 点移到 c 点，所做的功为 W_{bc}，功用焦耳来表示。这个功 W_{bc} 与电荷 q 的比值就是电压，符号 V，单位是伏特。

$$V_{bc}=W_{bc}/q \qquad (3—2)$$

④ 部分电路的欧姆定律：是确定电路中电压与电流、电阻的基本定律。

部分电路欧姆定律的定义是：流过导体的电流与这段导体两端的电压成正比，与这段导体的电阻成反比，其数学表达式为：

$$I=U/R \qquad (3—3)$$

式中：I——导体中的电流（A）；

U——两端电压（V）；

R——导体的电阻（Ω）。

全电路欧姆定律就是含有电源的闭合电路，需要考虑电源的内阻。

⑤ 电功率：电流在一秒钟内所做的功，用字母 P 表示，单位瓦（特），瓦的字母表示是 W，数学表达式为：

$$P=W/t \qquad (3—4)$$

式中 t 为时间，单位为秒，W 为电功，单位为焦耳，所以电功率的单位是焦耳/秒。

⑥ 直流电路定义：电流和电压不随时间变化的电路称为直流电路。

A. 电阻串联电路：两个或两个以上电阻顺序无分支的连接，这时电流无分支只有一条通路的电路为电阻串联电路。如图 3—5 所示。

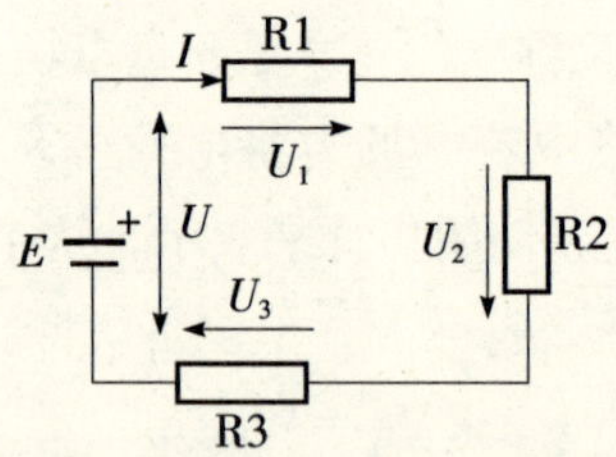

图 3—5　电阻串联直流电路线路图

该电路有 3 个特点：

a. 串联电阻中流过的电流相同；

b. 电路中各电阻上的分电压之和等于电路两端总电压；

c. 电阻串联时，等效电阻等于各个电阻之和。

B. 电阻并联电路：两个或两个以上的是电阻，两端分别接在一起，然后在两端接上电源，这种电路称为电阻并联电路，如图 3—6 所示。

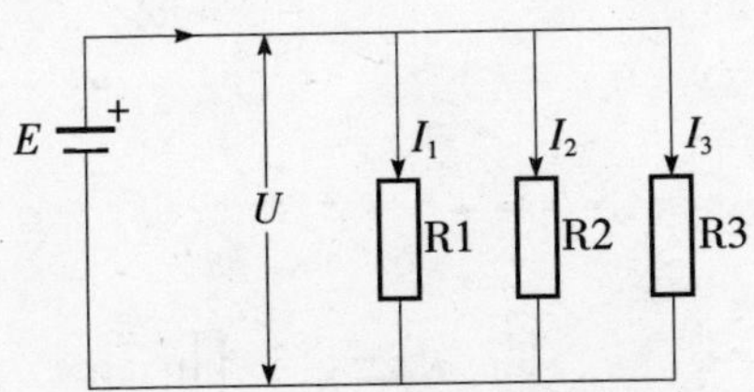

图 3—6　电阻并联直流电路线路图

该电路有 3 个特点：

a. 各电阻两端电压相等，等于外加电压；

b. 电路总电流等于各支路电流之和；

c. 电路总电阻的倒数等于各分支电阻倒数之和。

C. 电阻混联电路：既有电阻串联又有电阻并联的电路叫电阻混联电路。这种电路应用较广。如图 3—7 所示。

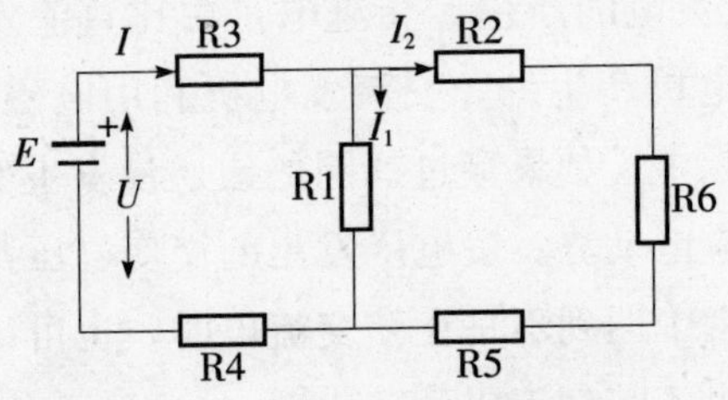

图 3—7　电阻混联直流电路线路图

电阻混联电路，先简化、整理，使得看清串、并联关系，如图 3—8 所示简化过程。

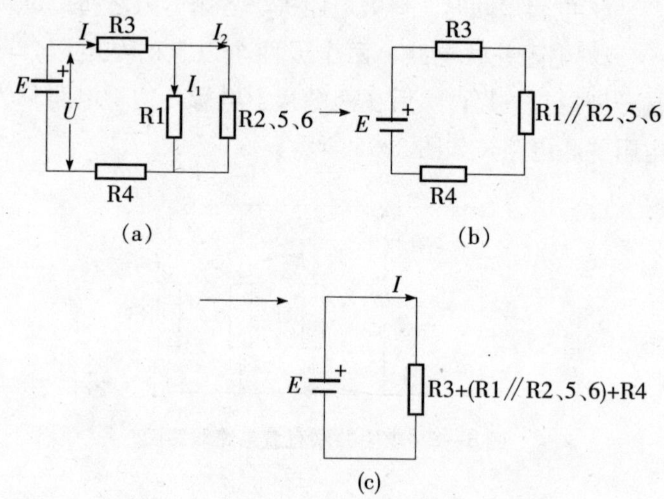

图 3—8　电阻混联电路的简化过程图

最后计算：

$$I = U/R_{总} \tag{3—5}$$

$$R_{总} = R_3 + R_1 // R_{2、5、6} + R_4$$

⑦ 交流电：在实际的各种电气工程中，常用的是按正弦规律变化的交流电，叫正弦交流电。

A. 交流电的产生：交流电是由比直流发电机简单的交流发电机产生的，交流发电机利用电磁感应原理，在闭合线圈中，如果穿过线圈的磁通量发生变化，线圈就产生感应电动势。发电厂发出的交变电压都是正弦电压，在日常中遇到不是正弦交流电时，也可以通过将其分解成多个正弦交流成分来分析。

B. 交流电的周期、频率和相位：正弦交流电波形如图 3—9 所示。

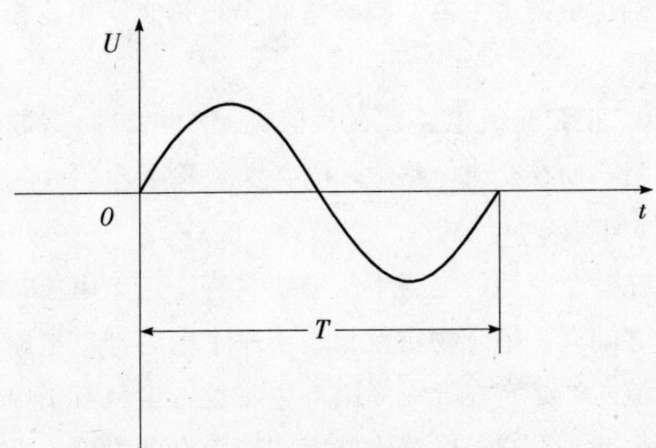

图 3—9　正弦交流电波形

a. 周期：发电机中线圈转动的过程中，感应电压要完成从零—最大—零—反向最大—零的过程，线圈不断的在磁场中转动，感应电压周而复始地变化，也就是正弦波在周期性变化。完成一次周期性变化所需的时间，叫做周期，用 T 表示。如图 3—9 所示。从 0—T 就是一个周期，以秒为单位；

b. 频率：电压（流）每秒钟完成周期性变化的次数叫做频率，用符号 f 表示，单位为赫兹，赫兹的符号为 Hz，赫兹的物理意义为周/秒。周期和频率是倒数关系，表示为：

$$T=1/f \qquad (3—6)$$

c. 相位和相位差：两个同频率正弦量到达零值或最大值的时间差，这个时间差与该交流电的周期之比乘于 360°就是这两个正弦波的相位差。当两同频率正弦波相位差为 0°时，则称这两个正弦波“同相”。

而两同频率正弦波，当一个到达正的最大值时，另一个到达负的最大值，则称这两个正弦波反相，相位差为180°。

C. 正弦交流电路：在直流电路中，电路参数仅仅是电阻，而在交流电路中，电路参数除了电阻外，还有电感、电容。

在一个实用的电路中的导线具有一定电阻值，两根导线之间有了绝缘物质就相当于一个电容器，电路中通过电流时，必定在导线周围产生磁场，也就有了电感存在，也就是在交流电路中就存在着固有的电感，电容和电阻，某一个因素起主导作用时，可以把电路近似看成是纯电阻交流电路，纯电感交流电路或纯电容交流电路。实际的交流正弦电路往往是由电感、电容和电阻构成的复合电路。

⑧ 电磁感应。磁和电流分不开，磁场是电流产生的，电流的周围存在着磁场，在电荷运动的条件下，电能转化成磁能。同样，在一定条件下，磁能也可以转化为电能。

电磁感应定律：导体在磁场中作“切割”磁力线运动时，导体中就会产生感应电动势，这是因为导体内存在大量的自由电子。当导体在磁场内“切割”磁力线时，导体以速度V运动，导体内自由电子将以同样速度与磁场相对运动，磁场对运动电荷产生作用力，作用力的方向由右手定则来判断，如果把导体连成闭合回路，回路中就会有电流，这就是电磁感应现象，产生的电动势叫感应电动势，产生的电流叫感应电流。电磁感应是交流发电机发电的基本原理。

感应电动势的大小和磁场的磁感应强度、导体的运动速度及导体的有效长度成正比。

感应电动势的方向——右手定则。

右手定则的内容：将右手掌伸平，大姆指与其他四指垂直，掌心迎向磁力线，其大姆指指向导体运动方向，四指为感应电动势的方向。

左手定则内容：平伸左手，使拇指和其余四指垂直，手心正对磁场的 N 极，四指指向表示电流的方向，大姆指指向为通电导体所受的磁场力方向。

⑨ 常用电子元器件的识别中包括：电阻、电容、电感、变压器、电子管、晶体管、集成电路、传声器、扬声器、开关等。

A. 电子元器件的定义：组成电子线路的电阻、电容、电感、变压器、电子管、晶体管、集成电路、传声器、扬声器，甚至于开关都是线路中的组成部分。每种元器件在线路中都起一定作用，都要按照设计方案，满足一定的设计要求。

B. 几种元器件的介绍。

a. 电阻：电阻的类型很多，我们音响调音中经常使用的是碳膜电阻、金属膜电阻、线绕电阻。热敏电阻用得较少，这里就不介绍了。电阻在线路中是最基础、用得最多的元件，它的作用是控制线路中电压和电流的大小，用符号 R 来表示，单位是欧姆（Ω）、千欧姆（kΩ）、兆欧姆（MΩ）。电阻的主要参数是标称阻值和额定功率。

标称阻值：电阻表面上所标出的数值，标称阻值和实际测量的阻值之差就是电阻值误差。一般用的电阻误差分三级，在电阻表面都标出来，有的厂家在电阻表面用直标法，把阻值、误差直接标出，一目了然；也有用色标法，就是用不同颜色的色环在电阻表面标出标称阻值和误差值。因为电阻的直标法很简单，一看就明白，只是Ⅰ、Ⅱ、Ⅲ误差相对应为5%、10%、20%就可以了，而色标法要记住色环的含义，表3—2为电阻的色码表。

表3—2　电阻色码表

颜色	代表数值	误差%
黑	0	—
棕	1	—
红	2	—
橙	3	—
黄	4	—
绿	5	—
蓝	6	—
紫	7	—
灰	8	—
白	9	—
金	—	5
银	—	10
无色	—	20

色环标示法：前二环依次表示电阻的第一位数与第二位数，第三环表示应加零的个数，第四环表示电阻值的误差，如无此环时，表示误差20%。举个例子，如图3—10所示。

图3—10中所示电阻的阻值就应该是270Ω，误差

为 5%。

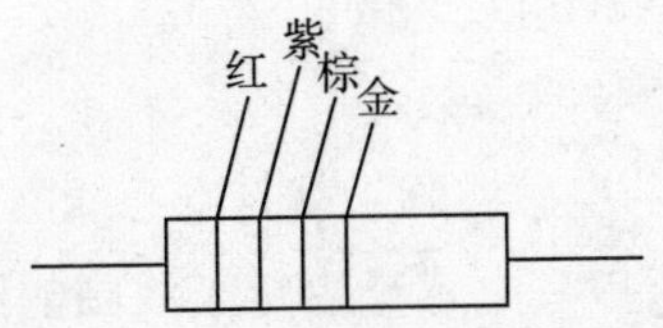

图 3—10　色标法标注阻值的电阻

电阻的额定功率：就是俗称的 1W、1/2W、1/4W、1/8W，一般从电阻的体积和出厂标称来确定。

b. 电容，在线路中起隔直流，通交流，存储电能的作用，用符号 C 表示，单位法拉，法拉的表示符号为 F，还有毫法 mF、微法 μF、皮法 pF。电容类型也很多，我们经常用的有固定电容器、可调电容器、钽电解电容器、陶瓷电容器等。

电容器的主要参数：

ⓐ 标称容量和误差：和电阻一样，电容器的标称容量和误差用直标法标注。在电容器表面，误差分三级，Ⅰ级 5%、Ⅱ级 10%、Ⅲ级 20%，一般电容器的误差稍微偏大些，另外电容也有色标法，但大多数电容都是直标法；

ⓑ 耐压：标称在电容器的壳体上表示电容器能耐直流电压的数值，这个指标很重要。使用时绝对不能超过耐压值；

ⓒ 漏电电流：电容器介质的绝缘电阻要高，若绝缘电阻不够，在一定电压作用下，就会有小电流流过介质形成漏电流。

c. 电感：电感在线路中主要起通直流，阻交流的作用，用符号 L 表示，单位是亨（利），“亨”用字母 H 表示，还有毫亨（mH）、微亨（μH）。

电感的主要技术参数：

ⓐ 电感量：电感实际上就是空心线圈或加有铁芯或磁芯的线圈，所以其电感量决定于线圈的圈数和线圈的尺寸，及有无铁芯或磁芯；

ⓑ 品质因素：这是衡量电感线圈损耗电阻大小的量，用 Q 来表示，Q 值愈高愈好，但越高造价越大，线圈体积也相应大，在使用时，按要求去选择 Q 值大小。

d. 晶体管：在音响设备电路中，晶体二极管、晶体三极管是必不可少的。它们在晶体管线路中起着放大、整流、稳压等作用。晶体管有硅管和锗管。

ⓐ 晶体二极管：有整流二极管、稳压二极管，它们在电路中的作用顾名思义，起着把交流变为直流的整流作用和稳定线路电压作用。另外还有检波二级管、开关二极管，在音响设备的电路中会经常遇到。

二极管的主要技术参数：（1）二极管的识别法，晶管体二极管的基本特性就是单向导电，用符号表示，箭头方向表示二极管正向导电时的电流方向，命名方法为：例如二极管 2CW7，这个型号就是 N 型，硅材料稳压二极管，它的命名方法为：第一个“2”代表二极管，C 表示 N 型硅管，W 表示稳压管，7 表示具体参数类别，这些规定是生产厂家按国家标准生产和命名的，以便使用的运用性，标准化。

ⓑ 稳压二极管的主要技术参数：

稳定电压：稳压管两端的反向击穿电压值为稳定

电压；

最大工作电流：指稳压管长时间工作时允许通过的最大电流值。

ⓒ 整流二极管的主要技术参数：

最大整流电流：指二极管长时间工作所允许通过的最大电流；

最大反向工作电压：二极管两端最大允许加的反向电压；

最高工作频率：二极管正常工作时的最高频率。

ⓓ 晶体三极管：晶体三极管在电子线路中主要起放大作用。晶体三极管，其电路符号如图 3—11 所示。

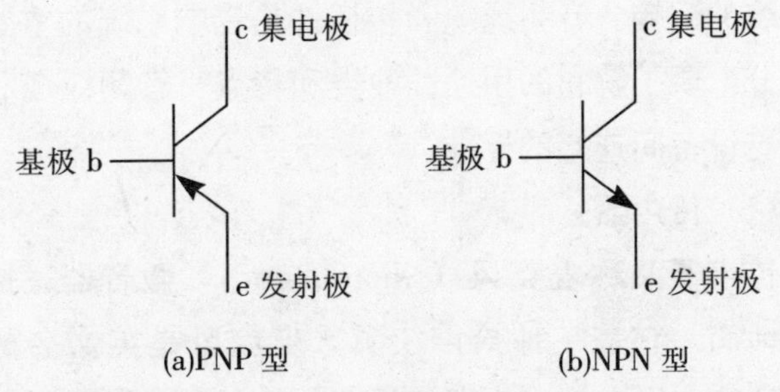

图 3—11　晶体三极管在线路中表示符号

晶体三极管在放大器的电路中，一般采取共发射极电路的接法，即发射极 e 是输入和输出的公共端，另外还有共集电极电路和共基极电路。

晶体三极管主要技术参数：

晶体三极管的电流放大系数；

晶体三极管的极间反向电流；

晶体三极管的极限参数。

晶体三极管各项参数很多，可根据使用要求，查阅半导体器件手册，从中选择所需要的晶体三极管。

4. 音响技术基础知识

学习的重点是音响调音概论中音响调音的定义。常用的电声器件如传声器、扬声器、耳机。声源设备有电唱机、卡式录音机、激光唱机、电子乐器。调音台的定义、用途和种类、它的构成和简要工作原理，调音台的主要技术指标和各旋钮的作用及一般日常维护。常用的周边设备有均衡器、混响器。功率放大器的定义、用途和种类，功率放大器的简单工作原理和工作特点，主要的性能指标和各功能的作用，重点是功率放大器与扬声器系统的配接。音频线缆和接插件是音响系统的重要组成部分，要了解它的用途、种类和特点，音频线缆和接插件与设备间连接的标准。

（1）传声器：

传声器又称麦克风（Microphone），微音器、拾音器、话筒。它是一种拾声工具，麦克风是英文名的译音；话筒，顾名思义，即传话或传声的筒，传声器除了以上名称外，在比较专业场合还称拾声器，形象的说明，到处能够捡拾到声音的电声器件。

不管什么类型的传声器，它都是由一个振动的膜片（振膜）和与振膜组合在一起的能将振膜的机械振动转换为电能的装置构成。传声器的工作机理就是：声能→机械能→电能的转换过程，这个过程是十分迅速的，几乎是同时发生的。

传声器应用于各个领域并与人们现代生活息息相

关。不论广播、电视、电影、唱片、通信、音乐、计算机、舞台、娱乐、教育、新闻、体育、医学、交通、环保、家庭等无处不有。因为世界就是一个五彩的有声世界，声音遍布各地、各角落，无处不有。

随着科学文化的发展人民生活水平的提高，传声器的用途愈来愈广泛，种类也愈来愈多。但在广播、扩声和录音中，传声器的使用占主导地位，80%的传声器使用在这些领域中。整套的音响设备，各类录音扩声设备的最终音响效果如何，与传声器的选择和正确使用有很大关系，没有一个高质量的传声器，一切美好的音响艺术就不存在。

实际上目前国内外主要生产销售和使用的传声器，主要是两大类：一类是动圈式传声器，一类是电容式传声器。

① 动圈传声器。动圈传声器主要用于语言扩声，使用覆盖面广，大至中央电视台，小至地县广播台站、中小学校，无处不有。尤其当今的卡拉 OK 歌舞厅内使用的传声器，几乎都被动圈传声器占领。

动圈传声器的换能部分也就是声→电转换部分，是由磁路系统（磁钢、磁碗）和振动系统（膜片、音圈），处在磁场中的振膜由于受到声压 P 的作用发生振动，导体线圈在磁场中作切割磁力线运动，导体两端就产生感应电动势，感应电动势的方向就用右手定则来确定。

② 电容传声器。广播录音传声器、驻极体传声器都属于电容传声器原理，但电容传声器在音响调音中用得最多的是广播录音用的大电容传声器，其次是驻极体传

声器的制成品。

电容传声器主要用于影视录音、大型剧场扩声、唱盘节目制作等高质量效果的使用场合，所以它的技术指标要求高，结构相对动圈传声器复杂。

电容传声器是一种靠电容量变化而起换能作用的传声器。

电容传声器的结构除了关键的换能部件专业称为“换能极头”外，和动圈传声器不同处，还需有一个阻抗变换器来把高容抗、阻值变为低阻值，即 200Ω，这个阻抗变换器是阻容器件和电子管、半导体管组成，所以必然就带来了谐波失真和噪声。

电容传声器灵敏度高，频率响应好，音色优美，性能优良，但价格较贵。另外，由于需要静电电压和阻抗变换器供电电压，还必须要有电源供电装置，使用起来就稍有一些麻烦。由于结构所致，它比动圈传声器娇贵，防潮、防尘维护比动圈传声器更加严格。

③ 传声器的主要技术指标。

A. 灵敏度：传声器输出端的输出电压和输入端的声压之比，以 mV/Pa 表示，灵敏度是表征传声器声电转换能力，传声器灵敏度有空载灵敏度、有载灵敏度、声压灵敏度、声场灵敏度，一般我们音响调音中使用的是声场有载灵敏度，不特别指出时，就是这种灵敏度，也可以用分贝表示。一般电容传声器灵敏度约 15mV—30mV/Pa，动圈传声器约 2mV—3mV/Pa。

B. 频率响应：传声器的正向灵敏度随频率变化的一条特性曲线，表征随频率变化，传声器灵敏度变化的情况。

频率响应曲线在自由场中测试为自由场频率响应，在扩散场中测试为扩散场频率响应，我们音响调音范围内用的传声器，一般都是指自由场频率响应，一般在说明中不特别指明，即是自由场下测量的指标。

动圈传声器的频率响应在80Hz—13000Hz，就是比较专业的了。现在国内外也只有少数产品能够达到这个频率范围，一般在100Hz—10000Hz是普及型使用，一般的卡拉OK歌舞厅、广播、教学等处使用。电容传声器的频响就可以做得较宽，一般为40Hz—16000Hz，比较优秀的产品能作到30Hz—18000Hz。传声器的频率响应反映频率的失真度，它的后果和声音的音色好坏相对应。当然，这频率特性曲线只是一个方面，主观听感是另一个很重要的方面。

使用场合不同，对传声器频响的要求也不同，语言的声音频率范围比音乐的窄，大型乐队演奏比独唱、独奏等的宽，传声器频率响应曲线在高频段有“上翘”时，声音明亮；在低频有上翘时，重放声会有“浑厚”的感觉。这可以由调音师根据节目内容的特殊需要来补偿。

C. 指向特性：传声器的指向特性是指传声器的灵敏度随声波入射的方向而变化的特性。传声器的指向特性，在专业性较强的传声器技术说明书中用指向性图案来表示，圆型极坐标纸标出的。

一般的指向性指标就是0°、180°、360°时的频率响应之差来表示，现有的传声器有三大类指向性，即：圆型、单方向型和 8 字型、强指向型、超强型、宽角度型等，为不同场合使用而设计。

D. 输出阻抗：从传声器的输出端测得的交流阻抗，根据国家标准“传声器通用技术条件”中规定，阻抗优选值为 200Ω、600Ω、高阻 20kΩ，输出阻抗额定值的允许误差不超过±30%。

E. 谐波失真：当一个声频信号作用在传声器振膜上，在它的输出端的声频信号中出现了输入信号频率以外的新信号，这个新信号就是不需要的谐波成分，称为谐波失真，一般用谐波失真度来表示。

$$\gamma=\sqrt{\frac{E_2^2+E_3^2+\Lambda+E_n^2}{E_1^2}}$$

式中 E_1 为输入信号电压基波的有效值，E_2、E_3……为谐波成分的有效值。

现在在国内外传声器说明书中标注的失真全部为电失真，不包括膜片和声路的声失真。声失真（包括动圈传声器）测试繁琐，专业传声器声失真也很小，一般用主观试听来认定即可。

F. 传声器固有噪声：指传声器在理想条件下，作用于传声器的声压降至为零时，传声器输出端的电压为噪声电压，即传声器没有声波入射时输出电压的大小，这项指标在动圈传声器中一般不标注，因为动圈传声器只有在可控硅灯光等电磁环境中，屏蔽不好，才会出现噪声。而电容传声器由于电子元器件的热噪声影响，再精心设计和精心制作，也会出现噪声，只不过能够做得愈小愈好。噪声电压通常没有突出的频率，而是一个较宽的噪声频带，它决定着传声器所能接收的最低声级的拾声能力。

G. 等效噪声级：指声波的声压作用在传声器上所产生的输出电压同传声器固有噪声产生的输出电压相等。该声波的声压就等于传声器的等效噪声级。可用下式计算：

$$20Lg\ u/S \cdot Pa \qquad (3—7)$$

式中：U，噪声电压 uV；

P_0，2×10^{-5}（参考声压）；

S，传声器灵敏度 mV/Pa。

优质传声器的等效噪声级在 20dB 左右，比固有噪声更加确切，因为单独标出传声器的固有噪声，还不能反映传声器真正的噪声水平。因为噪声和灵敏度直接相关，灵敏度愈高，噪声相对就大，同样一个 3μV 的噪声的传声器对 30mV/Pa 的传声器来说，等效噪声级就显得很小，但对 10mV/Pa 的传声器来说，等效噪声级就高了。换句话说，5μV 噪声的传声器和 3μV 噪声的传声器，不一定 5μV 噪声传声器听起来噪声就大，就是这个道理。

H. 最大声压级：当传声器的谐波失真大到一定允许值时的声压级为传声器的最高声压级，一般电容传声器的最大声压级为 126dB，谐波失真在 0.5%以内，就为比较专业用的传声器了，而动圈传声器的最大声压级比电容传声器大的多。

I. 传声器的动态范围：电容传声器最大声压级减去等效噪声级，一般为 100dB—110dB，理论上动圈传声器的动态范围更大。它是反映传声器所能接收声音的范围，上限受谐波失真限制，下限受固有噪声限制。

④ 无线传声器。

由装有微型传声器、小型发射机、接收机等几部分组成的装置中，传声器将声信号变成电信号由发射机调制为高频信号，从天线中辐射出去，由接收机接收并解调为原来的声频信号，这一套系统就是成套的无线传声器。

其中传声器有的用动圈传声器，用得最多的是驻极体电容传声器。传声器和发射机可以分开成两部分，把驻极体传声器佩戴在衣服上或其他隐蔽处，使其不挡画面。也可以将传声器和发射机装入同一壳体内，为手持式无线传声器。

无线传声器传送信号不用电缆线，将接收机放在控制室内，便可以接收信号，经解调后进行录音或扩声，使用很方便，适用于演员演出、教师讲课等移动声源的拾声。在影视录音和扩声中使用不挡画面，所以近年来，无线传声器发展很快，中档次、高档次的种类繁多，广泛用于舞台扩声、影视录音、新闻采访、卡拉OK歌舞厅、课堂教学等场合。

因为调频式比调幅式抗干扰性强，因此国内外无线传声器生产厂家一般采用调频式。

⑤ 近讲传声器。

流行的通俗歌曲的演唱，给传声器的拾声带来新问题。因为对于有指向性传声器，在传声器近距离拾声时，其低频灵敏度增加，也就是传声器频率响应的低频段有明显提升，这就是近讲效应。低频灵敏度加重使声音浑浊，降低了拾声的清晰度。在设计传声器时，利用声路或电路参量来控制频响的低频段下衰 3dB—6dB（一般在 300Hz—800Hz），在近距离拾音时，利用近讲效应将低频补上来，这样的传声器为近讲传声器。

因为传声器是整个扩声或录音系统的入口。当传声器的失真或噪声等性能指标不理想时声信号转变成的微弱电信号，要经过调音台内的电压放大，再经过功率放大器中的激励放大，功率放大，最后扬声器的系统放出来的声音效果会差，所以要严格选择传声器，尤其专业性强的录音和扩声更要严格把关，并要配备适用的传声器附件，保证传声器性能指标的正常发挥。

（2）扬声器：

扬声器俗称喇叭（Louder Speaker），厅堂扩声中声音响度大小，声场的均匀度、听音音色的好坏，在很大程度上取决于扬声器系统，扬声器系统是由扬声器单元组成。

扬声器是一种把电能转换为声能的电声器件。

由于人耳只能感觉到由空气振动形成的声波，电压的变化是无法使人耳直接听闻，所以声源发出的声信号经过调音台、功率放大器输出后的电压信号，必须接入扬声器才能使电能转化成纸盆（或振膜）的机械振动，从而激起周围空气振动，以声能的形式，也就是声波辐射到空中形成声音。

① 扬声器的分类：对扬声器分类和传声器一样，也是从不同角度有不同名称。见表 3—3。

表 3—3 扬声器的分类

按换能原理分	电磁式扬声器、压电扬声器、电动式扬声器（动圈式、带式、平面驱动式）、静电式扬声器
按辐射方式分	直接辐射式扬声器：指扬声器发声膜片直接与空气耦合，如一般的低音扬声器，球顶扬声器 喇叭式扬声器：发声膜片通过喇叭与空气耦合，这种形式的扬声器体积大，效率高，如大号筒
按口径尺寸分（主要指纸盆扬声器）	小型扬声器：口径尺寸＜100mm 中型扬声器：口径尺寸≤200mm 大型扬声器：口径尺寸＞200mm
按辐射频段分	低音扬声器、中音扬声器、高音扬声器、全频带扬声器
按振动膜片分	锥形扬声器、平板扬声器、球顶扬声器
按扬声器的磁路结构分	外磁式、内磁式

动圈式纸盆扬声器为直接辐射式扬声器，这种扬声器用途很广，小至半导体收音机，大至厅堂内的高级音箱，频率范围宽，听音优良，制作简单，价格便宜。但效率低，在专业中使用时，与其他类型扬声器组合使用。

② 扬声器的主要技术指标。

A. 灵敏度：扬声器的灵敏度，是按照输入一定电功率时所转换成声音的声压大小来衡量的。按扬声器测试标准，在扬声器的输入电功率为 1 瓦，正面 0°主轴上 1m 距离处测量它的声压 P_0，就是扬声器的灵敏度，扬声器的灵敏度是扬声器电—声的转换能力，灵敏度愈高，电转换声的能力愈大。扬声器灵敏度一般用分贝来表示，即将测得的声压值通过公式换算为分贝，这样在使用中比较方便，一般专业用纸盆扬声器的灵敏度92dB—96dB，扬声器灵敏度愈高，在扩声中扩声效率愈高。

B. 频率响应：扬声器输入电压不变时，由不同频率引起的声压或声强变化。一般把不均度10dB—15dB之内的频响宽度，称为有效频率范围。不均匀度越小，频响特性愈好，扬声器频率失真小。

C. 指向特性：是扬声器向空间各方向发声的声压分布状况，一般用极坐标圆曲线纸表示成指向图案，和传声器指向特性表示方式相似，只不过图案形状不同。

一般来说，扬声器发声总是有一定的指向性，而且随频率有很大变化，扬声器的指向性还可以用辐射的声束狭窄程度来衡量，声束愈窄，辐射角愈小。在厅堂扩声中，指向性强，也就是说辐射角小的扬声器可以减少厅堂内的混响声并抑制声反馈。扬声器的频率越高，口径越大，声波辐射角就愈小，指向性愈强。

D. 阻抗：扬声器的输入阻抗是加在音圈上的电压和电流之比。一般都是用输入交流信号来测量。它是一个与给扬声器输入电信号的声功率放大器配合的参数。扬声器上说明的阻抗称“标称阻抗”，这个阻抗值是扬声器阻抗曲线中，随频率变化而阻抗值保持不变的比较平坦处的阻抗值。

E. 失真：扬声器的失真一般指非线性失真。它是由扬声器工作时的非线性因素造成的，它的特点是扬声器的输出声波中，增加了输入扬声器的电信号中所没有的新的频率成分，从而使扬声器的声音信号不能如实地反映出输入电信号的本来面貌，扬声器的非线性失真通常有谐波失真、互调失真。我们一般说明中见到的扬声器的失真，泛指谐波失真。一般中型口径纸盆扬声器的谐波失真在5%以内。

F. 功率：

a. 额定功率：在谐波失真不超过允许范围时的最大输入功率，又称为标称功率。

b. 最大峰值功率：扬声器在某一瞬间所能承受的音乐峰值信号功率，一般最大峰值功率是额定功率的两倍。在扬声器设计和制造时，功率的总值就大于额定功率的2倍或更多些，给扬声器的使用留出了富余量，但在调音操作时不要将这富余量正常应用，而是把这余量作为安全系数，以防变化多样的信号脉冲。

G. 极性：为了使在扬声器系统和多个分布式扬声器使用中，能够满足同相激励的要求，标准规定了扬声器的极性判定方法：加瞬时直流电压时引起扬声器纸盒向外运动，那个正电压所接的扬声器输入端为正极，通常用红色标记或“+”号来表示，这个瞬时电压可以用直流电源（干电池）来代替电源的电压，不要太高，只要能辨别纸盆振动方向就行了，时间也不要太长。

③ 扬声器系统：单只扬声器不管是低音、中音、高音扬声器都只是承担一段频率的信号重放，不能覆盖从低音几十赫兹到高音上万赫兹的重放。现在实际使用中，各种类型的音乐和演奏都会包含着宽频带内容，要保证正常不失真的将演出播放，单只扬声器显然是满足

不了要求的。将高、中、低频扬声器利用分频器组合在一起装入一个音体内，就解决了这个问题，这就是音箱。放入箱体内的另外一个原因是单只扬声器放声时，辐射时除了向前方辐射声音之外，还有向扬声器后面辐射的声音，并且相位相反，另外在低频段，绕射声波和正向传播声波相位也是相反，要抵消掉一部分，辐射声音低频成分少，放出的声音显得单薄，声音也小。即使不是高质量的厅堂扩声使用的专业音箱，也要将单只扬声器装进用各种材料，一般多用胶合板制作的箱体中，就是防止扬声器辐射声波中的干涉现象发生，即扬声器纸盆后面产生破坏性的或有害的反相辐射声。

在音响系统中，倒相式扬声器箱使用很普遍，常用的有二分频音箱或三分频音箱。利用分频器，将不同声频范围的扬声器连结，使扬声器箱的频带展宽。

声柱：由一定数量相同型号扬声器以直线排列（或曲线方式），安装在柱状箱中，并且以同相位加以驱动的扬声器系统称为声柱。

由于各扬声器辐射声波之间的互相干涉，在工作频段内，声柱纵向指向性相当尖锐，而横向指向性相当宽阔。在大型扩声系统中，声柱起着很大的作用。声柱愈长，其指向性愈强，声束越窄，声柱在使用时，一定要垂直放直，才能获得好的效果。除了线列声柱，即平面声柱，还有曲线声柱、锯齿声柱等，但使用的较少。

（3）分频器：

分频器分为功率分频器和前级分频器（电子分频器）。功率分频器是比较普遍，用量比较大的分频器，它接在功率放大器与扬声器之间。由于这里是将要传送到扬声器去的信号功率分频，因此称功率分频。分频器把信号中的高、中、低频率成分分开，并分配给各个扬声器，这样就不至于让高频效率低的低音扬声器消耗掉高频能量，也不让高频扬声器消耗掉低频信号能量。并且如果让低频信号流入到中、高频扬声器中，将是非常危险的事，因为一般中、高频扬声器都是按小振膜考虑的。当受到低频大振幅信号的激励时，振膜会产生很大振幅，从而产生过荷失真，严重时甚至损坏，对高频扬声器尤其危害大，所以可以看出，分频器还有保护中、高频扬声器和改善音质的作用。

（4）耳机：

耳机和扬声器具有相同功能，都是向外辐射声波。

监听耳机的特点：

① 监听耳机和扬声器重放的条件和方式不同。扬声器是一个向比较大的空间辐射声波，人耳听到的声音是经过房间的反射与混响状态的声音，而且左右两个扬声器发出的信号还会互相交叉、互相干扰。而耳机产生的声音直接耦合在人耳上，不受周围环境的影响，左右两声道也不相干扰。

② 监听耳机和人耳之间的距离小，所以加在耳机上的电功率不必太大，就可以满足需要的声级，所以耳机的振动系统动作于线性范围之内，失真比较小。

③ 监听耳机的振动系统比较轻，振动时惯性小，这样它的瞬态响应好，也就是振动系统有较好的跟随能力，用监听耳机听音乐节目时，可获得音乐信息中全部

细微的情节。因此，来自监听耳机的声音有纤细、层次分明的感觉。

④ 监听耳机的技术指标：

A. 灵敏度：当耳机输入 1 毫瓦电功率时，其耳机输出的声压级，用分贝表示。

B. 阻抗：耳机输入端的交流阻抗值。

C. 频率响应：耳机输入 1 毫瓦电功率时，其输出声压级随频率变化的关系。

D. 非线性失真：包括谐波失真和互调失真，主要是在耳机输出端产生的输入以外的谐波成分造成的谐波失真。

E. 耳机对称性：左右耳机相位一致，灵敏度相差不大于 3dB。

监听耳机是在高质量的扩声和录音中，最必备的电声器件，是保证正常录音和扩声中监听的主要工具，要精心选用。

（5）卡座：

卡座（Deck）也叫录音座，事实上是台式录音机，这种录音座多数是双卡座，适用于复制。

卡座的使用与家用录音机的使用基本上一样，不过，在使用时应用注意如下几点：

① 记录调音台送出的立体声信号，最好将调音台的左右声轨输出（2 Track L，R）接到卡座 Rec. in，L，R 输入端，因为调音台上这两个端的输出不受调音台的主控输出影响，使进入卡座的声音信号比较稳定。与此同时，必须将卡座上的记录模式开关放在线路档，不能

放在复制（DUB）上。如果要求进行降噪处理，必须接通 Dolby 开关，并且必须记住是 Dolby 的那种类型。若调音台上有编组输出，把其中一对接在音频分配器上，利用音频分配器的一对 L、R 输出作记录。利用调音台辅助送出作记录，记录的是单声。

② 在记录声音信号之前，必须注意降噪系统的使用。多数卡座带有 DolbyB、C 或 D 降噪处理。Dolby 降噪器属于动态互补式降噪系统，也就是说，记录时必须接通 Dolby 开关，并且应注明是何种类型的 Dolby 降噪方式，放音时仍须接通该类型 Dolby，降的是磁带本底噪声，而不是声源里的噪声。

（6）电唱机：

通过唱针相对于唱盘作机械运动（摩擦运动），将机械能转换成电能（分电磁式和压电式），唱针沿着轨迹内外侧摩擦作合成运动，然后按线圈的方位或芯片方位作分解，将左右声道的信号分离开，分别给予放大，形成立体声电信号。立体声针尖的曲率半径为 0.13mm—0.18mm。为了获得好的音质，电唱机的唱头部分与后接放大器的阻抗匹配很重要，一般要求放大器的输入阻抗为 470KΩ。

电唱机的分类：

依据唱机的用途不同，分普通电唱机和机械摩盘机两种，普通电唱机指家用型一类，而机械摩盘机是 Disco 厅里 DJ 师常用的一种，后者唱针采用金刚钻耐摩针，唱盘也是耐摩的高强度塑料制成，传动马达也是特殊加工的，用手反转，马达安然无事，DJ 师可以根据音乐播放的需要，手摸唱盘或唱片令其加速或减速，以获得特殊的声音效果。与此同时，在机械摩盘机上还装有微调转速的推拉杆，它能改变唱片转速，使唱片的音调变化±8%。

（7）调音台：

① 调音台的定义：对具有多路不同阻抗，不同电平的输入音频信号进行单独电压放大和音质处理，并可混合加工，产生一路或多路输出的设备。

② 调音台的用途：调音台是音响系统的中心，控制设备。随着电子技术数字的发展，调音台不只是作为音频信号电压放大，混合放大，还附有多种辅助输出，多路输出，进行多路调音控制，并有编组输出，矩阵输出，还可进行延迟混响效果处理。美化输出声音，制作特殊音响效果，有监听输出，使用监听耳机，随时监听整套系统的调音状况。

调音台的型号不同，路数不同，功能也差别很大。尽管调音台上辅助输出，编组输出，混响效果。延迟效果或者是具备国际标准＋48V 幻象供电等许多功能，但不是每种类型的调音台都具备。但所有类型调音台工作原理是相似的。

③ 调音台的组成

调音台主要是由输入部分、输出部分、监听部分及母线部分这四大部分组成。

A. 输入部分。即为声源的多路输入，低电平、低阻抗输入，高电平、高阻抗。一般将拾声传声器与其他声源分开。因为传声器一般为低阻抗、低电平输出。一般调音台上有一个传声器插座，旁边有电位器可从－20 dB至－70dB连续调节，解决了电平的配接问题。输入部分将输入的声源信号进行电压放大，放大后的音频信号进入均衡器，均衡器一般分为高频、中频、低频三个频段，可以对信号进行频率补偿，改善音质。输入各路声源信号经调整后进入混合器进行混合信号放大，然后流入母线。

B. 母线。母线就象一条大河，各种支流输入信号进入大河，再由母线按不同功能分流输出。调音台功能愈多，用母线愈多，是输入部分和输出部分的中间站。

C. 输出部分。从母线上拾取各种混合信号输出形成多路输出通道，每个输出通道包括调音放大电路，主音量控制电路和音量显示系统。

D. 监听部分。一般调音台都具有监听部分，用于监听输入通道和输出通道的音频信号、混合信号。调音台上设有监听插座，信号从母线上取出，通过监听耳机或监听扬声器传送给调音师。

④ 调音台的技术指标：

A. 频率响应。输入调音台恒定电平时，输出电平随频率变化的响应曲线，一般在20Hz—20kHz的范围内（不均匀度±2dB）。

B. 电压增益。调音台输出通道的输出电压与各输入通道的输入电压的比值。比值越大，放大倍数越高。一般传声器输入增益≥60dB；线路输入放大倍数为≥20dB。

C. 谐波失真系数。在20Hz—20kHz频带内，在标准输入和标准输出条件下，调音台输出端产生的输入端以外的谐波成分，取百分比，一般为≤0.5%。

D. 串音衰减。同声道不同输入端音频信号的隔离度，一般≥50dB（1kHz）。

⑤ 调音台主要操作旋钮的作用及其英文名称或符号的含义：

A. 输入部分。

a. out/in 插入插座　三芯大插座，并联效果器，大三芯插头的尖、环套分别为尖与套接效果器输入，环和套接效果器输出；

b. line 线路输入，VCD、LD 及录音机等 0dB 输入；

c. Mic 传声器输入，传声器－70dB 输入；

d. GAIN 增益调节，控制语言或音乐信号，经前置放大器放大后的放大量，使其不过荷；

e. TREBLE 高频调节，对 10kHz 以上频率提升或衰减；

f. MID 中频调节，对 1kHz 为中心的频段提升或衰减；

g. BASS 低频调节，对 100Hz 以下频率进行提升和衰减的调节；

h. MONITOR 监听音量调节，监听经过前置放大器放大后输入监听母线的输入信号；

i. EFFECT 效果信号调节，调节本路送到效果母线上声音信号的大小；

j. PAN 声像调节，调节声源的空间分布；

k. PEAK 峰值指示灯，输入信号过荷提示。

B. 输出部分。

a. EFFECT SEND 效果送出，连接效果器将调音台信号送入；

b. EFFECT RTN 效果返回，将经过效果器处理的信号返回调音台；

c. MONITOR 监听输出，连接监听耳机；

d. LEFT 左声道输出，输出左声道音频信号；

e. RIGHT 右声道输出，输出右声道音频信号；

f. SUM 混合输出，输出左右声道混合音频信号；

g. OUT LEVEL 输出电平，调音台输出信号显示。

输出部分下面的操作按钮即相对应功能键的调节钮。

（8）均衡器：

音响系统中的均衡器，通常是指频率均衡器，叫房间均衡器（Room Equalizer）。因为用它可以补偿房间各频率点的声场不均匀性。也称图示均衡器（Graphic Equalizer）。因为其对音源的频率补偿特性可以从各控制钮的排列位置直观地看出。

① 房间均衡。由于建筑设计和装修上的缺陷以及扬声器系统的原因，影院、剧场、厅堂及各种场馆可能出现声场的频率不均匀性。借助频率均衡器，可以对某些频段进行适当的提升，对另一些频段进行适当的衰减，以使声场在整个频带内频响尽可能平直。均衡器的频率分段常见的有 5 段、10 段、27 段、31 段以及双 5 段、双 10 段、双 27 段、双 31 段的均衡器，31 段均衡器的频率从 20Hz 到 20kHz；按$\frac{1}{3}$倍频程分布。

② 反馈控制。在扩声系统工作中，由于室内声反射的存在，传声器、扬声器的布置等原因引起声回授，严重时会产生啸叫，从而使声增益开不大，声压级明显不够。啸叫产生于其相位满足正反馈条件的若干个频率点。若用频率均衡器对这些频率段进行适当的衰减，使这些相位上满足正反馈的频率点，其振幅低于产生振荡的要求值。从而破坏了振荡两个条件中的振幅平衡条件，而达到消除振荡的目的，也就抑制了啸叫。当然，在演出现场能迅速确定啸叫的频率点，从而用均衡器迅速予以适当衰减，达到抑制啸叫的效果，需要调音员有足够的现场操作经验。

③ 增强监听效果。通过适当调节频率均衡，可以改善舞台上大型演出时的舞台噪声情况，从而提高清晰度。例如有意地适当衰减 3kHz 以上和 500Hz 以下频段，从而大体上保留歌声的频谱，则能更好地监听歌声。

④ 改善节目效果。通过适当调节频率均衡，可以改善节目的效果。这一点在制作节目时尤为重要。在扩声中通过调节频率均衡可以使声音更悦耳，减少不舒服感，可以提高语言清晰度，减小齿声等。当然，这要求调音员了解各种乐器、口声以及电声器件（尤其是传声器）的性能及各频段在主观听感中的贡献。否则将越调越糟，不如不进行修饰。

(9) 混响器：

混响器是一种效果处理设备。顾名思义，混响器使声音在听感上产生某些原声音所没有的效果。具体地说，用混响声可以模仿多种声学环境。

在没有声反射的环境，例如：消声室、旷野里听音乐，会觉得乏味，听上去觉得很“干”。你在消声室唱歌和在浴室中唱歌，自我感觉完全不同。会觉得在浴室里自己的嗓音好得多，这就是没有混响和有混响的明显区别。唱卡拉OK时，给歌声加一点混响，就会觉得嗓音“变厚”了，好听了。混响器可以用来模仿大厅、中厅、小厅、教堂、山谷等多种声学环境中的听感。

（10）功率放大器：

功率放大器俗称功放，是对音频信号进行电流放大，以致得到功率放大的。用于前置放大器的后面，将前置放大器电压放大后的音频信号再进行功率放大，因为经过前置放大器放大的电压放大信号，还不足以推动扬声器。经过功率放大器，将音频信号进一步放大，尤其对电流和功率的放大，使其足以推动扬声器工作，辐射声音，也就是推动音箱正常工作。

① 功率放大器的品种很多，可以从不同角度分类。

A. 按电路工作状态分类。

a. 甲类功率放大器　单只晶体管将正弦波正负半波完整进行放大，声波失真小、音质好，但功率小、效率低；

b. 乙类功率放大器　两只晶体管，采用推挽电路在正负半周轮流工作，对正弦波进行放大，其特点交叉失真大，效率高；

c. 甲、乙类功率放大器　介于甲类和乙类工作状态之间的工作状态。

推挽功率放大器采用两只特性基本上相同的半导体三极管，一只负责放大信号的正半周，另一只负责放大信号的负半周，输出的正负半周信号经合成后再传给负载。这样，在负载上便得到一个经过放大的，和输入信号变化规律相同的信号，这种功率放大器，效率高、失真小，故被许多功率放大器设计者所采用。

B. 按功率线路中使用的放大管的类型分。

a. 电子管功率放大器　动态范围大，重放声音音质柔美，音色圆润，但体积大，笨重；

b. 晶体管功率放大器　功率大，耗电小，有良好的技术性能，体积小；

c. 场效应晶体管放大器　具有电子管功率放大器和晶体管功率放大器的优点，声音优良，功态范围大，体积小，稳定可靠。

C. 按功率放大器与音箱的配接方式分。

a. 定压式功率放大器　远距离传输信号，以高压形式传送音频功率信号，一般按标准有 70V、100V、120V、240V，适用于输出端以电压标称的功率放大器；

b. 定阻式功率放大器　以固定负载阻抗的形式输出，按 SI 标准有 4Ω、8Ω、16Ω，适用于输出端以负载阻抗标示的功率放大器。

D. 按功率放大器末级电路与扬声器连接方式分。

a. OTL 功率放大器。单端推挽电路，其特点为频率响应较好，失真小，体积小；

b. OCL 功率放大器。无输出电容器功率放大器，即与扬声器之间不用电容器连接，频率响应好；

c. BTL 功率放大器。是桥式推挽电路，扬声器桥接在两个电路的串接点上，其特点为输出功率大。

② 功率放大器的主要性能指标。

A. 频率响应。功率放大器输出的放大信号随频率变化的关系，一般为 20Hz—20kHz 范围内不均匀度±0.5dB。

B. 额定输出功率。指功率放大器在输出负载阻抗一定时，非线性失真不超过规定的技术指标的情况下，功率放大器所能输出的最大功率。

C. 最大输出功率。在不考虑失真的前提下，功率放大器所能输出的最大功率。

D. 音乐功率。指使功率放大器输入频率和振幅在不断变化的音乐信号，在功率放大器的输出端测得的在一定失真范围内的输出功率。

E. 峰值音乐功率。指功率放大器输入端输进一个脉冲峰值信号，在功率放大器的输出端的输出功率。

应该说明的是，功率放大器在专业选用时，只注重其额定输出功率和最大输出功率。在标称的音乐功率和峰值功率指标中，称标不确切，使用也不可靠。

F. 负载阻抗。规定在功率放大器的输出端所接的阻抗，一般有 4Ω、8Ω、16Ω。

G. 信噪比。功率放大器的额定输出功率和功率放大器的固有噪声功率之比，一般用 dB 表示，专业使用功率放大器信噪比一般为 94dB 以上。

H. 谐波失真。指在功率放大器输出额定功率时输出信号中产生了输入信号以外的谐波成分，一般用百分率表示。专业使用的功率放大器的谐波失真一般小于0.5%。

③ 扬声器系统或称音箱与功率放大器的配接。

扬声器系统或称音箱与功率放大器的配接形式主要有定电压式连接和定电阻式连接，这两种连接方法要根据具体场合来决定，一般室内厅堂扩声用定电阻式配接，室外广播系统使用定电压式配接，主要原因是保证声源信号经过功率放大之后，最大限度的将声频能量由扬声器辐射出去，不要将能量轻易地损耗在连接系统中。

定电阻的配接是功率放大器的额定负载阻抗与音箱的标称阻抗值相配，即功率放大器的额定负载阻抗等于音箱的标称阻抗，这时功率放大器和音箱获得最有效的配合。功率放大器输出额定功率，传输效率最高，谐波失真小。定电压式配接远距离的室外扩声如广场、校园、公园，长道路广播等，由于连接线长，就要采用定电压式的配接方法。调音工程中绝大多数使用120V、240V的高电压输出的功率放大器，定压式功率放大器在与音箱或声柱配接时，采用输送变压器，将电压转换为低电压输出后，再与音箱或声柱中的扬声器相接。

5. 安全用电与消防基础知识

作为音响调音人员一定要熟悉安全用电知识，树立安全第一的思想，确保操作人员及设备仪表的安全。要了解电对人体的伤害，安全电压知识，触电对人体的危害及安全用电必须采取的措施。触电后的紧急救助方法。

（1）电对人体的伤害。

电对人体的伤害一般可分为两种类型。一种属电击，一种为电伤。

电击是指电流流过人体，使人体内部组织器官或外部组织受到损伤，严重的可造成死亡事故。

电伤则一般指电弧或电火花等对人的伤害，如烧伤、溅伤、强光刺伤等。

不论是电击还是电伤，其伤害程度与通过人体的电流大小、通电时间长短以及人体的电阻值有关，当然也与电能所转换成热能和光能的大小及强弱等因素有关。

我国的有关标准规定安全电压为 36V（50Hz）、24V（50Hz）、12V（50Hz）。之所以规定不同的安全电压电压是说明安全电压与工作环境、工作条件有关，如在潮湿的环境则安全电压规定得低一些，等等。

（2）触电方式。

触电通常有两种情况，一种是人的身体直接与带电部位接触而触电，这种触电方式容易理解；另一种是人体接触表面看来不带电的部位而造成触电，这种触电方式似乎不好理解，但毕竟有其内在原因。分别介绍如下：

① 人体直接接触带电部位。

A. 两线触电。人体同时接触同一电路的两根导线，如单相 220V 的火线与零线，这样两根带电导线等于通过人体形成回路，220V 的电压全部加在了人体上。因此这种触电是最危险的，但人体的两点部位同时接触带电的两根导线的情况较少。

B. 单线触电。人体站在地面上，如果一旦身体某个部位接触到相线（单相 220V 的火线），这是相当危险的。因为大地是一个导体，当人体接触带电导线后，电流就会从带电导线通过人身体流向大地，形成回路，因而有生命危险。人体的电阻因各种情况而异，一般人体电阻值在 10^3—10^5 欧姆，当人体表层皮肤较干时，电阻值较大，可达上万欧姆，当人体因出汗或其他原因皮肤受潮时，阻值可大大下降。当人体一旦发生触电时，电流会急剧上升，如不及时切断电源，会危及生命。

② 人体与不带电部位的接触。

在正常情况下，电气设备、音响设备、仪表等的外壳是不带电的，但若带电导线与外壳的绝缘损伤，装配工艺等原因，使设备外壳带电，那么当调音员操作时，人体接触带电外壳，便造成触电，这种触电方式是触电中常见的。因而一旦麻痹可能会造成终生遗憾。

（3）安全用电措施。

对音响设备仪表的使用、操作、维护首要的是安全用电问题，因而了解安全用电常识，采取相应的安全用电措施是极为重要的。

① 保护接地。为了防止电气设备外壳带电而造成触电，一般将电气设备的外壳同地之间牢固连接，这便是保护接地。

保护接地的作用是当一旦电气设备外壳带电时，那么电流将被大地泄放掉，即使人体接触带电设备外壳，因人体电阻远大于外壳对地的短路电阻，电流虽同时沿接地与人体流入大地，绝大部分电流经接地体流入大地，人体则避免了触电危险。

② 音响设备控制室铺设绝缘垫，与大地绝缘，避免人体与大地间形成电流回路而触电。

③ 维护设备时尽量避免带电操作（如一定要带电操作可采用隔离变压器）。

④ 在进行设备间接线操作和更换熔断丝时应注意断开电源，更换熔断丝时应注意与原熔断丝一致，避免过大与过小。

（4）触电急救。

音响工作人员如工作中一旦发生触电事故，可按以下方法以急救。

① 立即用木棍等绝缘物将触电人与带电体脱离。

② 将触电人抬到空气流通处，解开衣服与腰带，以使其呼吸流畅。

③ 在自救同时立即拨打急救电话 120，争取时间，解救触电人生命。

6. 小型歌舞厅灯光、照明设备的安装及使用

开关板的用途及规格，灯光电源线的选用原则，灯光的几种控制方法，灯具光源的几种类型，电脑调光台的主要功能，声控灯的调整方法等。

二、相关知识

（一）鉴定要求

初级音响调音员的相关知识要求考生掌握设备安装

方法，包括音响设备连接方法、视频设备连接方法和常用电工仪器仪表的使用方法。掌握调音基本方法，能够正确熟练使用调音台，熟悉常用周边设备调整要点并会正确使用。熟悉小型歌舞厅灯光及照明设备的安装和使用方法。

（二）复习重点难点

1. 音响设备连接

（1）音频线缆和接插件。

音频线缆的基本作用是传输音频信号，音频电缆（话筒线）用来连接传声器和调音台，以及直到功率放大器输入为止的所有音频设备之间的相互连接。二芯屏蔽音频电缆由芯线、屏蔽层和绝缘层组成，话筒线长度越长，分布电容越大，高频损失越严重。音箱线用来连接功率放大器和音箱，要求音箱线电阻越小越好，为了减小分布电容的影响，要求音箱线不能有屏蔽层。

音频接插件的基本作用是完成信号的传输连接，音响系统中常用音频接插件有卡侬插头座、大二芯插头座、大三芯插头座和莲花插头座，插头座由插头和插座两部分组成。掌握卡侬插头座、大二芯插头座、大三芯插头座和莲花插头座的基本结构和使用方法。

（2）音源设备与调音台的连接。

传声器和调音台接口匹配指的是阻抗匹配和电平匹配，为了提高信号传输效率，传声器输出阻抗应小于调音台输入阻抗。扩声系统配接包括电源配接、电平配接和功率配接等几方面内容。对传声器输出线缆长度的基本要求是越短越好，对于高阻抗传声器来说，输出线缆长度不可以过长。

一般来说，语言扩声大多采用动圈式传声器，专业录音大多使用电容式传声器。动圈式传声器无须特别要求，可以直接与调音台的 MIC 插口相接，电容式传声器在使用时必须加入幻像电源，幻像电源的基本作用是向电容式传声器提供直流供电和信号传输，国际标准规定幻像电源供电电压值为＋48V。卡座、CD 机等的输出可以通过调音台的 LINE 插口将信号送入调音台内部。

调音台与混响器之间大多采用并联连接形式，除混响器以外的其他音响设备之间都采用串联连接形式。

（3）功率放大器的连接。

功放与音箱之间有定压和定阻两种配接方式，在厅堂中一般使用定阻功放进行扩声，在室外广播中一般使用定压功放进行扩声。定阻功放与定阻扬声器系统相接的优点是频响宽、失真小。定压功放与定压扬声器系统相接可以保证远距离扩声时音箱线上的信号损失最小。掌握定阻功放和定压功放与扬声器系统的连接方法和特点。

2. 视频设备连接

（1）基本概念。

常用视频播放设备有 LD 机、VCD 机、DVD 机、录像机、摄像机等，常用视频显示设备有电视机、彩色监视器、投影电视机等。利用视频切换器可以选 LD 机、

VCD 机、DVD 机、录像机、摄像机等中的一路转送出去，视频分配器的作用是将视频信号源的输出信号分路隔离后送到多台显示设备。

目前，世界上并存的三种彩色电视制式是 PAL 制、NTSC 制和 SECAM 制。射频 RF 信号接口常采用 RF 射频莲花插座或 BNC 插座，VIDEO 信号输入输出端子通常是莲花插座，模拟 RGB 信号输入输出采用 RGB 和同步分离的莲花插口，数字 RGB 输入输出采用九芯插口，5 针型端子接口是标准的 S 端子接口。

（2）视频设备的连接。

视频对接口阻抗要求较严，一般要求输出阻抗、输入阻抗均为 75Ω，视频设备之间连接的视频电缆的特征阻抗也应为 75Ω。

掌握视频播放设备与视频显示设备之间的连接方法。

3. 电工仪表的使用

掌握低频信号发生器、电子电压表、失真仪、数字万用表的基本组成、主要技术指标和基本使用方法，能够正确测量电压和电流。

对低频信号发生器的基本要求是：正弦波，谐波失真小；频率稳定、能调节、有指示；输出电压稳定、能调节、有指示。低频信号发生器一般由低频震荡器、缓冲及输出放大器、衰减器、电压表及电源等组成。使用低频信号发生器的步骤：开启电源，指示灯亮，按需选择频段、频率，等工作稳定后，由小到大调到相应输出电压。

电子电压表的基本组成部分一般包括阻抗变换器、可变量程分压器、宽带放大器、检波器、指示器及电源等。模拟式电子电压表的主要技术指标测量误差是指，满刻度百分比误差。模拟式电子电压表使用时，输入端接到被测电压端以前将电压量程置于最大档。测直流电压时，直流电压表与被测电压端并联连接。测直流电流时，将直流电流表串联于被测电流电路中。

用失真度测量仪测电压时，为保证测量精度，应调节量程使表头指示值尽可能在满刻度的 1/3 以上。

4. 调音台的使用

（1）基本概念。

调音台是多路音频信号进行混合加工、音质处理及电压放大的设备，是音响系统的中心和控制设备。调音台的基本作用是电压放大、混合输出、监听输出和美化声音。并按形式、路数和功能进行基本分类。调音台基本技术指标是频率响应、电压增益、谐波失真和串音衰减、信噪比等。

调音台主要由输入部分，输出部分，监听部分及母线部分组成。调音台上 MIC 输入口是低电平、低阻抗、－40dB—－70dB 输入口，为保证 MIC 输入口音频电压信号不失真放大，必须低电平输入。调音台上 LINE 输入口是录音机、VCD 等 0dB 信号输入口，为保证 LINE 输入口 VCD 等音频电压信号不失真放大，最好接近于 0dB 电平输入。调音台上的母线部分是输入部分和输出部分的中间站，输出通道包括放大电路、主音量控制电路和音量显示系统，监听部分用于监听输入通道和输出通道的音频信号和混合信号。

（2）基本使用。

掌握调音台上主要旋钮和按键的作用和特点，并会正确使用。它们是：GAIN、低切开关、参量均衡、AUX、PAN、PEAK、路径选择开关、RTN、－20dB衰减器、MONO、MIX L&R、INSERT。GAIN旋钮用于增益调节，控制前置放大器的放大量，调节旋钮GAIN控制音频信号到PEAK灯处于偶尔闪亮状态能达到最佳工作状态；低切开关的作用是去除100Hz以下频率的信号；参量均衡器用于对高、中、低频的提升和衰减，参量均衡器应根据输入节目内容来调节，衰减参量均衡器高频段可以消除来自管乐器的一些呼吸声，减小咝咝声，为了使口声清楚地凸现出来，可用参量均衡器衰减乐器的中频，略微提升口声的中频，衰减参量均衡器低频段可以消除箱体谐振、避免来自击鼓时的过分能量；输入通道中辅助旋钮AUX的作用是调节各路信号辅助输出并送往辅助母线；INSERT接口与效果器输出、输入连接使用简便；PAN声像调节旋钮调节声源的空间分布；输入通道上的PEAK是峰值指示灯，作输入信号的过荷提示；当按下3—4路径开关时，信号由编组3—4通道输出；RET旋钮的作用是控制辅助返回插口信号返回量的大小；按下－20dB衰减器则选择线路输入方式且信号同时被衰减20dB；MONO插口的特点是输出单声道信号；MIX L&R插口的特点是输出立体声信号，立体声输出用于分别输出左、右声道的音频信号；单声道用于输出声源左、右路混合的音频信号；

MONITOR 旋钮是监听音量调节。

掌握效果器与调音台连接的三种方法。INSERT 接口，大三芯插头的尖与套接效果器输入端，环与套接效果器输出端。辅助输出、线路返回方式连接效果机和调音台时，返回通路中的 AUX 旋钮应全部关闭。辅助输出、RET 返回方式连接效果机和调音台时，应将需处理声音通路的 AUX 旋钮打开。

音响系统的开机顺序应最后开功放机，音响系统的关机顺序是最先关功放机。掌握系统开关机顺序及调音台上插拔接插件时的注意事项。

5. 周边设备的使用

（1）基本概念。

均衡器的主要作用是房间均衡、音色补偿和反馈控制，常用均衡器的种类有图示均衡器（房间均衡器）、参量均衡器。31 频段均衡器从 20Hz—20kHz 是按$\frac{1}{3}$倍频程分布的。补偿房间声场缺陷用的均衡器调整完后不允许再随便调节。均衡器电平控制应既不要使输出信号削波又不要使输出信号调的太小。均衡器有卡侬插座和 ϕ6.35 的耳机插座两种平衡式输入口、不平衡式输入口，有一个平衡卡侬插座输出口和一个不平衡 ϕ6.35 耳机插座两种输出口。

混响器的作用是用于模仿多种声学环境，会议扩声的厅堂混响时间在 1.2 秒左右为佳。

能够写出有关专业英文单词的中文含义，例如：A/D、BYPASS、BALANCE、EQUALIZER、MIXER、COMPRESSOR 等。A/D 是将模拟信号转化为数字信号；D/A 转换是将数字信号转化为模拟信号；bypass 的中文意义是旁路、直通；balance 的中文意义是平衡；unbalance 的中文意义是不平衡；equalizer 的中文意义是均衡器。

（2）基本使用。

掌握作为房间声场补偿用均衡器的基本调整方法，掌握调音台上参量均衡器调整注意事项，掌握均衡器中电平控制注意事项。

6. 小型歌舞厅灯光、照明设备的安装及使用

灯具按外形区分，有盘式、五楞体式、球式、条状式、方体式等。灯具按动作方式区分，有摇摆式、旋转式、固定式等。灯具按光束区分，有多光束单色、单光束彩色、单光束单色、多光束彩色等。灯具按造型功能区分，有月球幻彩式、音乐幻彩式、激光图案式、反射星光式等。灯具光源有卤素灯、冷光灯、钨丝灯、荧光灯、激光灯等。

开关板是最简单的光控台，只控制某路灯光的通断，18 路×10A 表示开关板的规格。娱乐场所灯光的常用控制方法包括手控、自控、编程控、声控、电脑灯控制等。声控灯的调节主要是调节声控灵敏度到合适位置。马田 2308 电脑灯控制器的面板上有功能部分、控制部分、程序部分、通道部分等，马田 2308 电脑灯控制器面板上程序部分的 enter 键是确认键。马田 2308 电脑灯控制器面板上程序部分的 edit 键是编辑键。

第四章　理论知识试题精选

一、单项选择（第1题～第160题。选择一个正确的答案，将相应的字母填入题内的括号中。）

1. 为了促进企业的规范化发展，需要发挥企业文化的(　　)功能。

A. 娱乐

B. 主导

C. 决策

D. 自律

2. 职业道德通过(　　)，起着增强企业凝聚力的作用。

A. 协调员工之间的关系

B. 增加职工福利

C. 为员工创造发展空间

D. 调节企业与社会的关系

3. 正确阐述职业道德与人的事业的关系的选项是(　　)。

A. 没有职业道德的人不会获得成功

B. 要取得事业的成功，前提条件是要有职业道德

C. 事业成功的人往往并不需要较高的职业道德

D. 职业道德是人获得事业成功的重要条件

4. 在商业活动中，不符合待人热情要求的是(　　)。

A. 严肃待客，表情冷漠

B. 主动服务，细致周到

C. 微笑大方，不厌其烦

D. 亲切友好，宾至如归

5. 对待职业和岗位，（ ）并不是爱岗敬业所要求的。

A. 树立职业理想

B. 干一行爱一行专一行

C. 遵守企业的规章制度

D. 一职定终身，不改行

6.（ ）是企业诚实守信的内在要求。

A. 维护企业信誉

B. 增加职工福利

C. 注重经济效益

D. 开展员工培训

7. 下列事项中属于办事公道的是（ ）。

A. 顾全大局，一切听从上级

B. 大公无私，拒绝亲戚求助

C. 知人善任，努力培养知己

D. 坚持原则，不计个人得失

8. 企业生产经营活动中，要求员工遵纪守法的是（ ）。

A. 约束人的体现

B. 保证经济活动正常进行所决定的

C. 领导者人为的规定

D. 追求利益的体现

9. 企业生产经营活动中，促进员工之间平等尊重的措施是（ ）。

A. 互利互惠，平均分配

B. 加强交流，平等对话

C. 只要合作，不要竞争

D. 人心叵测，谨慎行事

10. 企业创新要求员工努力做到（　　）。

A. 不能墨守成规，但也不能标新立异

B. 大胆地破除现有的结论，自创理论体系

C. 大胆地试大胆地闯，敢于提出新问题

D. 激发人的灵感，遏制冲动和情感

11.（　　）不是音响调音员的职业守则。

A. 诚恳待人

B. 遵守纪律

C. 察言观色

D. 忠于职守

12.（　　）不属于音响调音员的职业守则。

A. 认真细致

B. 兢兢业业

C. 爱岗敬业

D. 经济效益第一

13. 音响调音员在工作时，应（　　）。

A. 完全按照演员提出的要求播放有关的影音内容

B. 认真听从导演的安排，对所播放的内容不负任何责任

C. 坚决抵制播放宣扬迷信的音像内容

D. 根据歌舞厅经理的安排，让播什么就播什么

14. 作为一名合格的音响调音员，在从事演出调音工作的过程中应（　　）。

A. 少使用耗电量大的音响设备

B. 多使用大型号的扩音设备

C. 根据自己的想法或理解来操作各个音响设备

D. 爱护设备，并精心保养设备

15. 音响调音员提高自己业务水平的必由之路是(　　)。

A. 前仆后继、举止大方

B. 活泼热情、善解人意

C. 虚心求教、努力学习

D. 善解人意、谈吐文雅

16. 音响调音员在进行演出活动的调音工作时，做到(　　)将有利于使文艺演出气氛更融洽、演出更顺利。

A. 任劳任怨

B. 细言细语

C. 性格内向

D. 热心服务

17. 人耳对(　　)的主观感觉称为声音。

A. 声强

B. 声高

C. 声波

D. 声学

18. 调音中所说的音频频段指的是(　　)。

A. 20Hz—20kHz

B. 20Hz—10kHz

C. 10Hz—20kHz

D. 10Hz—10kHz

19. 已知房间容积 V 为 $1000m^3$，用赛宾公式计算的混响时间 T_{60} 为 1.61s，则房间总吸声量 A 应为(　　)。

A. $150m^2$

B. $250m^2$

C. $100m^2$

D. $200m^2$

20. 多个频率成分组合而形成的声音称为(　　)。

A. 复音

B. 纯音

C. 高音

D. 低音

21. 声波传播的现象有(　　)、干涉等。

A. 涡流

B. 反射

C. 震荡

D. 入射

22. (　　)属于常用测试用噪声。

A. 系统噪声和粉红噪声

B. 系统噪声和环境噪声

C. 灰噪声和环境噪声

D. 白噪声和粉红噪声

23. 玻璃棉属于(　　)吸声材料。

A. 多孔

B. 共振

C. 平面

D. 透射

24. 声速一定时，波长与频率的关系为(　　)。

A. 正比

B. 反比

C. 正相

D. 反相

25. 响度、音高和(　　)统称为音质三要素。

A. 音程

B. 音节

C. 音色

D. 音阶

26. 等响曲线指的是在等响度条件下(　　)和频率之间的关系曲线。

A. 声衰减

B. 声压级

C. 声功率

D. 声能量

27. 声学专用单位“方”表示(　　)的大小。

A. 强度级

B. 响度级

C. 声压级

D. 声强级

28. 通常用1kHz纯音的声压级(　　)表示相同响度的其他声音的响度级。

A. 绝对值

B. 分贝数

C. 倍数

D. 对数

29. 声音的频率是指声源或声波在(　　)内所振动的次数。

A. 半秒钟

B. 一秒钟

C. 半个周期

D. 一个周期

30. 波长是声波在振动(　　)内所传播的距离。

A. 半个周期

B. 一个周期

C. 两个周期

D. 四个周期

31. 电流的单位是(　　)。

A. 欧姆

B. 伦琴

C. 安培

D. 法拉

32. 用符号“W”表示电功率单位(　　)。

A. 欧姆

B. 伏特

C. 瓦特

D. 法拉

33. 电流是单位时间内通过导体横截面的(　　)。

A. 电场力

B. 电压值

C. 电阻值

D. 电荷量

34. 电场力将电荷从一点移动到另一点所做的功与该电荷电量的比值称为(　　)。

A. 电位

B. 电能

C. 电压

D. 电流

35.（　　）和负载属于电路结构的基本组成。

A. 电池、灯泡

B. 电源、导线

C. 电源、电池

D. 电阻、电容

36.（　　）是电路 3 种工作状态之一。

A. 短路

B. 去耦

C. 耦合

D. 串联

37.（　　）不是双极型晶体三极管电极的名称。

A. 基极

B. 源极

C. 集电极

D. 发射极

38. 当电路中电流为 0 时，电路处于（　　）状态。

A. 通路

B. 短路

C. 开路

D. 支路

39. 直流电的数值大小与时间（　　）。

A. 有关

B. 无关

C. 成正比

D. 成反比

40. 3 只电阻相并联，各支路电流分别为 10mA、30mA 和 60mA，则总电流为（　　）。

A. 20mA

B. 30mA

C. 50mA

D. 100mA

41. 5Ω 和 15Ω 电阻相串联，再并上一只 30Ω 电阻，则等效电阻等于（　　）。

A. 2Ω

B. 6Ω

C. 12Ω

D. 50Ω

42. 色环电阻颜色序列为橙、黑、黑、金，则其标称阻值为（　　）。

A. 2Ω

B. 3Ω

C. 20Ω

D. 30Ω

43.（　　）是电容器的主要参数。

A. 材料、耐压

B. 材料、型号

C. 电容量、耐压

D. 电容量、型号

44. 常用晶体三极管有硅管和（　　）两种。

A. 铅管

B. 锗管

C. 锡管

D. 铜管

45. (　　)是晶体三极管的排列方式。

A. N 和 P

B. NPN 和 PNP

C. 稳压和开关

D. 整流和放大

46. 目前常用的 Dolby 降噪系统有(　　)。

A. Dolby-C、Dolby-D、Dolby-E

B. Dolby-D、Dolby-E、Dolby-F

C. Dolby-A、Dolby-B、Dolby-C

D. Dolby-2、Dolby-3、Dolby-4

47. 高、低通滤波器通常以衰减(　　)dB 的频率范围为通频带。

A. 小于 3

B. 大于 13

C. 大于 23

D. 小于 33

48. (　　)属于周边设备。

A. 扬声器

B. 传声器

C. 功率放大器

D. 压限器

49. (　　)传声器是使用最为广泛的传声器之一。

A. 压电式

B. 动圈式

C. 电磁式

D. 碳粒式

50. 动圈式传声器中的振膜和音圈构成(　　)。

A. 电路系统

B. 磁路系统

C. 减振系统

D. 振动系统

51. 根据(　　)，动圈式传声器将声音信号转换为电信号。

A. 换路定律

B. 欧姆定律

C. 电磁感应定律

D. 基尔霍夫定律

52. (　　)和后极板构成电容式传声器的主要工作部件。

A. 音圈

B. 磁体

C. 振膜

D. 磁钢

53. 根据(　　)电容式传声器将声音信号转换为电信号。

A. 音圈与后极板之间形成的电压效应

B. 音圈与后极板之间形成的电容效应

C. 振膜与后极板之间形成的电压效应

D. 振膜与后极板之间形成的电容效应

54. 传声器灵敏度越高，传声器的(　　)能力越强。

A. 方向控制

B. 声电转换

C. 信号拾取

D. 信号输出

55. 通常将扬声器(　　)变化的特性，称为有效重放声音的频率范围。

A. 振幅与频率

B. 振幅与功率

C. 灵敏度随频率

D. 频率随时间

56. 传声器指向特性是(　　)之间的关系。

A. 灵敏度与声波入射方向

B. 灵敏度与声波反射方向

C. 频率与声波入射方向

D. 频率与声波反射方向

57. 功率放大器的(　　)导致功率放大器的输出信号中出现了输入信号中没有的新的频率成分。

A. 线形或非谐波失真

B. 线性或频率失真

C. 频率失真

D. 总谐波失真

58. 功率放大器的峰值音乐功率通常(　　)其额定输出功率。

A. 小于

B. 大于

C. 小于或等于

D. 大于或等于

59. 功率放大器的最大输出功率通常(　　)其额定输出

功率。

A. 小于

B. 大于

C. 小于或等于

D. 大于或等于

60. 扬声器额定功率定义的前提条件是(　　)。

A. 无谐波失真

B. 谐波失真最大

C. 谐波失真最小

D. 谐波失真在允许范围内

61. 压力区域传声器与普通传声器相比，频响宽而平直、(　　)。

A. 当声源移动时，音质不受影响

B. 信噪比较低

C. 频响窄而起伏

D. 灵敏度较低

62. 专业无线传声器系统中，信号发射采用(　　)方式。

A. 调频

B. 调幅

C. 检波

D. 鉴频

63. 在一般的会议场所，单指向性的心形传声器应摆放在距离声源(　　)cm 左右。

A. 50

B. 60

C. 50—70

D. 20—30

64. 当声源与传声器的(　　)成 0°时，传声器的输出效果最佳。

A. 横轴

B. 中心轴

C. 顶端

D. 两侧

65. 为保证拾取较好的声音效果，声源与传声器的中心轴线夹角应(　　)。

A. 保持在 55°

B. 越大越好

C. 保持在 30°以内

D. 越小越好

66. 在拾取大型管弦乐队的声音时，应将传声器摆放在(　　)的位置。

A. 舞台上口，离开乐队 5—7m

B. 舞台下口，离开观众 5—7m

C. 舞台上口，离开观众 1—3m

D. 舞台下口，离开乐队 10m

67. 为了更好地拾取歌手演唱流行歌曲或民歌时的声音，应将传声器置于(　　)。

A. 离嘴 1—10 cm 之间

B. 离地面 1—1.5m 之间

C. 离嘴 40—60 cm 之间

D. 离身体 1m 左右

68. 使用鹅颈传声器时，为了增加语言的清晰度，嘴与传声器轴心的夹角应保持在（　　）。

A. 45°以上

B. 30°以内

C. 90°以内

D. 30°以上

69. 目前，市场上对（　　）通常是用 N 来表示的。

A. 线材的长度

B. 线材的纯度

C. 吸音材料的密度

D. 吸音材料的重量

70. 音响系统中常用音频接插件有 6.35mm 二芯插头、RCA 插头和（　　）。

A. 圆型插头

B. 卡侬插头

C. 1.25cm 小二芯插头

D. 1.25cm 小三芯插头

71. 常用卡侬插头座属于（　　）接插件。

A. 单孔单脚

B. 双孔双脚

C. 三孔三脚

D. 四孔四脚

72. 卡侬插头座的连接方式包括（　　）方式。

A. 二芯

B. 低阻输入

C. 平衡

D. 高阻输入

73.（　　）是6.35mm大二芯插头的基本结构。

A. 口和环

B. 口和套

C. 顶和环

D. 顶和套

74. 6.35mm大二芯插头与双芯话筒线相接时要求信号高端接在（　　）。

A. 套端

B. 环端

C. 顶端

D. 孔端

75.（　　）是大三芯插头的基本结构。

A. 顶、口和套

B. 环、孔和套

C. 顶、层和套

D. 顶、环和套

76. 6.35mm大三芯插头的连接要求是（　　）。

A. 顶端接信号高端，环端接信号低端

B. 顶端接信号低端，环端接信号高端

C. 顶端接信号高端，套端接信号低端

D. 顶端接信号低端，套端接信号高端

77. 通常电容传声器的配套附件中带有一只（　　）的幻象供电电源盒。

A. ＋48V

B. ＋36V

C. ＋24V

D. ＋8V

78. 传声器和调音台接口匹配包括电平匹配和(　　)两方面内容。

A. 电压匹配

B. 功率匹配

C. 阻抗匹配

D. 阻尼匹配

79. 为了提高信号传输效率，调音台输入阻抗要(　　)。

A. 大于传声器输出阻抗

B. 小于传声器输出阻抗

C. 大于传声器输入阻抗

D. 小于传声器输入阻抗

80. 调音台上(　　)IN 插口可以接入 CD 机的输出信号。

A. LINE

B. MIC

C. MONO

D. GROP

81. 在投影机、多媒体电视机的标准扫描格式中，(　　)的意思是彩色图形适配器。

A. EAC

B. EFG

C. CGA

D. PGA

82. 彩色电视制式 NTSC 制是(　　)。

A. 正交非平衡调幅制

B. 相位逐列交变制

C. 正交平衡调幅制

D. 相位逐行调频制

83. 在彩色电视的制式中，(　　)制被称为逐行倒相的正交平衡调幅制。

A. UPM

B. RTLC

C. PAL

D. PJL

84. 在彩色电视的制式中，(　　)制被称为行轮换调频制。

A. UPM

B. RTLCM

C. SECAM

D. PJL

85. 进行射频信号连接时，通常采用(　　)Ω 的电视馈线。

A. 26

B. 18

C. 75

D. 57

86. (　　)的连接通常采用 RCA 插头。

A. DIN 信号

B. RGB 信号

C. DVD 分量

D. MP3 分量

87. 进行普通视频的连接时，通常采用带(　　)的连接线。

A. DIN 型插口或 UP 型插口

B. 九针插口

C. RCA 插头

D. 卡侬插座

88. 在投影机、多媒体电视机的标准扫描格式中，EGA 的意思是(　　)。

A. 单色扫描

B. 超级黑白适配器

C. 增强型图形适配器

D. 滤波扫描适配器

89. 在投影机、多媒体电视机的标准扫描格式中，(　　)的意思是视频图形陈列。

A. MON

B. VBC

C. VGA

D. PSA

90. EGA 信号的行频为(　　)。

A. 15.8 Hz

B. 31.6 Hz

C. 15.8 kHz

D. 31.6 kHz

91. SVGA 信号的行频包括(　　)。

A. 66.8Hz

B. 47.4Hz

C. 35.5 kHz 和 31.5kHz

D. 78.2 kHz 和 36.1kHz

92. (　　)信号的场频包括 70Hz。

A. IGA

B. UGH

C. VGA

D. KGH

93. 在使用指针式万用表测量 450mA—5A 电流时，应将红色表笔插在(　　)孔内。

A. 黑色 5A

B. 黑色 450mA

C. 红色 5A

D. 红色 450mA

94. 在使用指针式万用表测量 1000V—2500V 直流电压时，应将红色表笔插在(　　)V 孔内。

A. 1000

B. 1200

C. 2500

D. 2200

95. 常规指针式万用表的音频电平量程为(　　)－22dB。

A. －22

B. 0

C. 5

D. －10

96. 常规指针式万用表的晶体管直流放大值量程为(　　)－300 h_{FE}。

A. 1

B. 2

C. 0

D. －300

97. 常规指针式万用表的电感量程为（　　）－1000H。

A. 170

B. 200

C. 20

D. －1000

98. 常规指针式万用表的电容量程为（　　）－0.3μF。

A. －0.1

B. 0.2

C. 0.001

D. －0.3

99. 在使用常规指针式万用表的两表笔分别碰触扬声器音圈两端时，若产生“喀喀”声，且（　　），则说明扬声器是好的。

A. 读取的阻值为0或负数

B. 读取的阻值与扬声器原标阻抗值相差10—20Ω

C. 读取的阻值与扬声器原标阻抗值相近

D. 读取的阻值为负数

100. 在使用常规指针式万用表的两表笔分别碰触扬声器音圈两端时，若无“喀喀”声，且读取的阻值为（　　），则说明扬声器音圈已经烧毁。

A. 200Ω

B. 1000Ω

C. 0Ω

D. 10Ω

101. 在使用常规指针式万用表的两表笔分别碰触扬声器音圈两端时，若无“喀喀”声，且读取的阻值与扬声器原标阻抗值相近，则说明扬声器（　　）。

A. 无异常

B. 音圈被烧毁

C. 音圈被卡死

D. 音圈正常工作

102. 用指针式万用表测晶体二极管极性时，测得(　　)为正极。

A. 电流较大的红表笔端

B. 电流较小的红表笔端

C. 阻值较小的黑表笔端

D. 阻值较大的黑表笔端

103. 用指针式万用表测晶体二极管电阻值时，万用表的红表笔端(　　)。

A. 为正电容端

B. 为高电容端

C. 为电源负极

D. 为电源正极

104. 在使用常规指针式万用表检查电容器是否漏电时，(　　)。

A. 红、黑表笔同时接电容器的正极

B. 红表笔应接电容器的正极

C. 黑表笔应接电容器的正极、红表笔应接电容器的负极

D. 黑表笔应同时接电容器的正、负极

105. 在使用常规指针式万用表检查电容器是否漏电时，若读取的阻值(　　)，则说明电容器正常。

A. 为 5Ω

B. 非无穷大

C. 无穷大

D. 为正数

106. 若长度为 50m，常规直径的整圈线电阻值为（　　），则证明是优质线材。

A. 8Ω 以下

B. 12—22Ω

C. 5—20Ω

D. 12Ω 以下

107. 若长度为 80m，常规直径的整圈线电阻值为（　　），则证明是劣质线材。

A. 8Ω 以上

B. 2—7Ω

C. 5Ω 以下

D. 12Ω 以下

108. 在使用常规指针式万用表检查连线时，若表的读数为（　　），则证明连接线是好的。

A. 为负数

B. 5—15Ω 左右

C. 0Ω 左右

D. 10Ω 左右

109. 在使用常规指针式万用表检查连接线时，若表的读数为（　　），则证明连线断线了。

A. 负数

B. 5—15Ω 左右

C. 无穷大

D. 1Ω 左右

110. 调音台是整个（　　）控制中枢。

A. 视频

B. 通讯

C. 音响

D. 电力

111. 通常把 24 路以上的调音台称为(　　)型调音台。

A. 小

B. 超小

C. 大

D. 小

112. (　　)上 MONITOR 输出监听信号。

A. 分频器

B. 均衡器

C. 调音台

D. 压限器

113. 调音台使用结束后，应最后关掉(　　)。

A. 功放开关

B. 后置设备

C. 调音台电源

D. 前置设备

114. 0dBm 对应(　　)dBv。

A. −0.8

B. −3.6

C. −2.2

D. +12

115. (　　)对应−12.2dBv。

A. −0.8dBa

B. －3. 6dBk

C. ＋12dBn

D. －10dBm

116.（　　）dBm 对应＋1. 78 dBv。

A. －1. 78

B. －3. 6

C. ＋4

D. ＋12

117. 我国通信线路所采用的架空明线特性阻抗是（　　）Ω。

A. 1000

B. 800

C. 600

D. 1200

118. dBv 一般是指民用、家用音响设备的（　　）。

A. 输入电容

B. 输出电量

C. 输出电平

D. 输入电荷

119. 实际电压（　　）对应＋8. 2dBm。

A. 82N

B. 0. 82S

C. 2V

D. 1C

120. 实际电压（　　）对应＋2. 2dBm。

A. 100N

B. 0. 44S

C. 1.0V

D. 0.55C

121. 实际电压 0.1V 对应(　　)dBm。

A. −17.8

B. +10.2

C. −5

D. +5

122. 调音台上的(　　)Control 装置可用来进行声像调节。

A. DN

B. CAM

C. PAN

D. MU

123. 调音台输入通道上的 PEAK 是峰值指示灯，作输入信号的(　　)提示。

A. 正常

B. 反馈

C. 过荷

D. 接通

124. 调整输入电平时，调音台通道上的均衡器旋钮要全部置于(　　)刻度线位置。

A. +1 或 −1

B. 最高

C. 0

D. +10 或 −10

125. (　　)是均衡器的主要作用之一。

A. 调控电流

B. 控制电功率

C. 调控音色

D. 控制电压

126. 31 频段均衡器从（　　）—20kHz 按三分之一倍频程分布中心频率。

A. 16kHz

B. 5kHz

C. 20Hz

D. 2kHz

127. 汉语发音的能量分布在（　　）。

A. 60Hz—1.5kHz

B. 850Hz—7.5kHz

C. 100Hz—5kHz

D. 30Hz—10.5kHz

128. 英语发音的能量分布在（　　）。

A. 60Hz—1.5kHz

B. 850Hz—7.5kHz

C. 100Hz—4kHz

D. 30Hz—10.5kHz

129. 女高音的基频是（　　）。

A. 60Hz—1.5kHz

B. 850Hz—7.5kHz

C. 1046.5Hz

D. 2230.5Hz

130. 男高音的基频是（　　）。

A. 60Hz—1.5kHz

B. 850Hz—7.5kHz

C. 820.4Hz

D. 1640.8Hz

131. 进行均衡器电平控制应既不削波，又不要把总的(　　)电平调得太小。

A. 输出信号

B. 感应信号

C. 发送电平

D. 输入电平

132. 效果器用于模仿多种(　　)环境。

A. 图像

B. 视频

C. 声学

D. 色彩

133. 在效果器的功能面板上，“调整”用英文表示为(　　)。

A. bass

B. adway

C. adjust

D. pass

134. 在效果器的功能面板上，“程序”用英文表示为(　　)。

A. pass

B. padol

C. program

D. pham

135. 在效果器的功能面板上，“改变”用英文表示为(　　)。

A. vass

B. vadol

C. variation

D. vam

136. 在效果器的功能面板上，“混合”用英文表示为（　　）。

A. vass

B. vadol

C. mix

D. mauk

137. 在效果器的功能面板上，“节奏”用英文表示为（　　）。

A. qass

B. wadol

C. tap

D. maukly

138. 在效果器的功能面板上，“效果”用英文表示为（　　）。

A. skip

B. wadoly

C. effects

D. motion

139. 在效果器上，“颤音”用英文表示为（　　）。

A. skip

B. wadoly

C. tremolo

D. motion

140. 在效果器上，“移调”用英文表示为（　　）。

A. pop

B. padoly

C. pitch

D. potion

141. 在均衡器上，用英文(　　)表示“削波”。

A. pan

B. input

C. clip

D. master

142. 在效果器上，用英文(　　)表示“延时”。

A. delay

B. decay

C. peak

D. balance

143. 光通量的单位是(　　)。

A. ol

B. qm

C. lm

D. q

144. 每消耗 1 单位(　　)所发出的光通量的数量，称为发光效率。

A. 电流值

B. 电容

C. 电功率

D. 电压值

145. (　　)的单位是 cd。

A. 声场饱和度

B. 光照时间

C. 发光强度

D. 色彩明暗度

146. 亮度的单位是(　　)。

A. dl/m^4

B. qm/m^3

C. cd/m^2

D. qd/m

147. 天然月光的(　　)。

A. 色相是 1100H

B. 色差是 3100H

C. 色温是 4100K

D. 色感是 2100K

148. 天然日光的色温是 4600—(　　)K。

A. 7100

B. 8450

C. 5800

D. 6400

149. 高压钠灯的色温是(　　)K。

A. 1700

B. 7000

C. 3400

D. 2100

150. 荧光灯的色温是 3000—(　　)K。

A. 8500

B. 9050

C. 7500

D. 8000

151. 用加色法可将红光、绿光混合形成(　　)。

A. 白光

B. 浅红光

C. 黄光

D. 深绿光

152. 用加色法可将(　　)、绿光混合形成青光。

A. 白光

B. 紫光

C. 蓝光

D. 红光

153. 用加色法可将蓝光、红光混合形成(　　)。

A. 白光

B. 青光

C. 品红光

D. 深绿光

154. 在实际工作中，可以通过从白光中滤除(　　)的方式得到黄光。

A. 紫光

B. 红光

C. 蓝光

D. 绿光

155. 灯具按其功能和动作方式划分，不包括(　　)。

A. 固定型

B. 效果型

C. 条状型

D. 转体灯

156. 应急照明灯的作用是在公共场所防止出现意外或突发性事故采用(　　)供给照明。

A. 自备电源

B. 高频电源

C. 外接电源

D. 低频电源

157. 应急照明灯的特点是正常情况下处于充电状态，一旦发生停电会(　　)自备电源提供照明。

A. 自动打开

B. 立即关闭

C. 延迟关闭

D. 定时打开

158. 按照光源构成划分，歌舞厅灯具可以分为固体发光光源和(　　)。

A. 气体放电光源

B. 液体发光光源

C. 流体发光光源

D. 软体发光光源

159. 按照光学特点划分，歌舞厅灯具可分为(　　)和聚光灯。

A. 泛光灯

B. 面光灯

C. 冷光灯

D. 闪光灯

160. 歌舞厅灯具按照控制方法划分，可分为(　　)等。

A. 人工控制灯、机械控制灯

B. 柔光灯、声控灯

C. 人工闪光灯、机械闪光灯

D. 逆光灯、程控灯

二、判断题（第 161 题～第 180 题。将判断结果填入括号中。正确的填“√”，错误的填“×”。）

161.（　）职业道德具有自愿性的特点。

162.（　）在市场经济条件下，克服利益导向是职业道德社会功能的表现。

163.（　）市场经济时代，勤劳是需要的，而节俭则不宜提倡。

164.（　）技不外传是音响调音员职业的优良传统之一。

165.（　）声音产生的原因是由于物体本身的形变。

166.（　）声场是声波产生的条件。

167.（　）电压的单位是库仑。

168.（　）电功率等于电场力所做的功 W 乘以时间 t。

169.（　）根据部分电路的欧姆定律，电阻两端电压一定时，流过电阻中的电流与电阻阻值成正比。

170.（　）交流电的瞬时大小和方向不随时间的改变而改变。

171.（　）30Ω 和 70Ω 电阻相串联，接在 50V 的直流电源上，电路中的电流为 1A。

172.（　）周边设备是不对声音效果进行处理的设备。

173.（　）传声器的作用是电能转换成声能。

174.（　）扬声器的作用是声能转换成电能。

175.（　）功率放大器工作在最佳状态下，减少负载系统电阻，如扬声器连接线的电阻，有利于增加阻尼系数。

176.（　）扬声器灵敏度反映了扬声器的负载能力。

177.（　）根据我国有关标准规定，安全电压最高为 110V，在潮湿环境要低于 110V。

178.（　）电器设备的保护接地是指将电器设备的外壳同零线之间牢固连接。

179.（　）为保证传声器正常工作，要求负载阻抗应小于传声器输出阻抗的 3 倍。

180.（　）调音台上的 MIC 插口可以与 MD 机的输出相连接。

理论知识试题精选答案

一、单项选择

1. D 2. A 3. D 4. A 5. D 6. A 7. D 8. B 9. B
10. C 11. C 12. D 13. C 14. D 15. C 16. D 17. C 18. A
19. C 20. A 21. B 22. D 23. A 24. B 25. C 26. B 27. B
28. B 29. B 30. B 31. C 32. C 33. D 34. C 35. B 36. A
37. B 38. C 39. B 40. D 41. C 42. D 43. C 44. B 45. B
46. C 47. A 48. D 49. B 50. D 51. C 52. C 53. D 54. B
55. C 56. A 57. D 58. B 59. B 60. D 61. A 62. A 63. D
64. B 65. C 66. A 67. A 68. B 69. B 70. B 71. C 72. C
73. D 74. C 75. D 76. A 77. A 78. C 79. A 80. A 81. C
82. C 83. C 84. C 85. C 86. C 87. C 88. C 89. C 90. C
91. C 92. C 93. C 94. C 95. C 96. C 97. C 98. C 99. C
100. C 101. C 102. C 103. C 104. C 105. C 106. A
107. A 108. C 109. C 110. C 111. C 112. C 113. C
114. C 115. D 116. C 117. C 118. C 119. C 120. C
121. A 122. C 123. C 124. C 125. C 126. C 127. C
128. C 129. C 130. C 131. D 132. C 133. C 134. C
135. C 136. C 137. C 138. C 139. C 140. C 141. C
142. A 143. C 144. C 145. C 146. C 147. C 148. C
149. D 150. C 151. C 152. C 153. C 154. C 155. C
156. A 157. A 158. A 159. A 160. A

二、判断题

161. × 162. × 163. × 164. × 165. × 166. × 167. ×
168. × 169. × 170. × 171. × 172. × 173. × 174. ×
175. √ 176. × 177. × 178. × 179. × 180. ×

第五章　理论知识试卷样例

单位名称	
姓　名	
准考证号	
地区	

考　生　答　题　不　准　超　过　此　线

职业技能鉴定国家题库
音响调音员（初级）
理论知识试卷

注 意 事 项

1. 考试时间：90 分钟。

2. 请首先按要求在试卷的标封处填写您的姓名、准考证号和所在单位的名称。

3. 请仔细阅读各种题目的回答要求，在规定的位置填写您的答案。

4. 不要在试卷上乱写乱画，不要在标封区填写无关的内容。

	一	二	总　分
得　分			

得　分	
评分人	

一、单项选择（第 1 题～第 160 题。选择一个正确的答案，将相应的字母填入题内的括号中。每题 0.5 分，满分 80 分。）

1. 在市场经济条件下，职业道德具有（　　）的社会功能。

A. 鼓励人们自由选择职业

B. 遏制牟利最大化

C. 促进人们的行为规范化

D. 最大限度地克服人们受利益驱动

2. 在企业的经营活动中，下列选项中的（　　）不是职业道德功能的表现。

A. 激励作用

B. 决策能力

C. 规范行为

D. 遵纪守法

3. 职业道德通过（　　），起着增强企业凝聚力的作用。

A. 协调员工之间的关系

B. 增加职工福利

C. 为员工创造发展空间

D. 调节企业与社会的关系

4. 正确阐述职业道德与人的事业的关系的选项是（　　）。

A. 没有职业道德的人不会获得成功

B. 要取得事业的成功，前提条件是要有职业道德

C. 事业成功的人往往并不需要较高的职业道德

D. 职业道德是人获得事业成功的重要条件

5. 在商业活动中，不符合待人热情要求的是（　　）。

A. 严肃待客，表情冷漠

B. 主动服务，细致周到

C. 微笑大方，不厌其烦

D. 亲切友好，宾至如归

6. 对待职业和岗位，(　　)并不是爱岗敬业所要求的。

A. 树立职业理想

B. 干一行爱一行专一行

C. 遵守企业的规章制度

D. 一职定终身，不改行

7. (　　)是企业诚实守信的内在要求。

A. 维护企业信誉

B. 增加职工福利

C. 注重经济效益

D. 开展员工培训

8. 下列事项中属于办事公道的是(　　)。

A. 顾全大局，一切听从上级

B. 大公无私，拒绝亲戚求助

C. 知人善任，努力培养知己

D. 坚持原则，不计个人得失

9. 下列关于勤劳节俭的论述中，正确的选项是(　　)。

A. 勤劳一定能使人致富

B. 勤劳节俭有利于企业持续发展

C. 新时代需要巧干，不需要勤劳

D. 新时代需要创造，不需要节俭

10. 企业生产经营活动中，要求员工遵纪守法是(　　)。

A. 约束人的体现

B. 保证经济活动正常进行所决定的

C. 领导者人为的规定

D. 追求利益的体现

11. 企业生产经营活动中，促进员工之间平等尊重的措施是(　　)。

A. 互利互惠，平均分配

B. 加强交流，平等对话

C. 只要合作，不要竞争

D. 人心叵测，谨慎行事

12. 企业创新要求员工努力做到(　　)。

A. 不能墨守成规，但也不能标新立异

B. 大胆地破除现有的结论，自创理论体系

C. 大胆地试大胆地闯，敢于提出新问题

D. 激发人的灵感，遏制冲动和情感

13. (　　)不是音响调音员的职业守则。

A. 诚恳待人

B. 遵守纪律

C. 察言观色

D. 忠于职守

14. (　　)不属于音响调音员的职业守则。

A. 认真细致

B. 兢兢业业

C. 爱岗敬业

D. 经济效益第一

15. 音响调音员在工作时，应(　　)。

A. 完全按照演员提出的要求播放有关的影音内容

B. 认真听从导演的安排，对所播放的内容不负任何责任

C. 坚决抵制播放宣扬迷信的音像内容

D. 根据歌舞厅经理的安排，让播什么就播什么

16. 作为一名合格的音响调音员，在从事演出调音工作的过

程中应(　　)。

A. 少使用耗电量大的音响设备

B. 多使用大型号的扩音设备

C. 根据自己的想法或理解来操作各个音响设备

D. 爱护设备，并精心保养设备

17. (　　)既是音响调音员职业守则的内容之一，也是该职业的一种优良传统。

A. 努力创收

B. 技不外传

C. 尊师爱徒

D. 活泼外向

18. 音响调音员提高自己业务水平的必由之路是(　　)。

A. 前仆后继、举止大方

B. 活泼热情、善解人意

C. 虚心求教、努力学习

D. 善解人意、谈吐文雅

19. 音响调音员在进行演出活动的调音工作时，做到(　　)将有利于使文艺演出气氛更融洽、演出更顺利。

A. 任劳任怨

B. 细言细语

C. 性格内向

D. 热心服务

20. 人耳对(　　)的主观感觉称为声音。

A. 声强

B. 声高

C. 声波

D. 声学

21. 调音中所说的音频频段指的是(　　)。

A. 20Hz—20kHz

B. 20Hz—10kHz

C. 10Hz—20kHz

D. 10Hz—10kHz

22. 已知房间容积 V 为 1000m^3，用赛宾公式计算的混响时间 T_{60} 为 1.61s，则房间总吸声量 A 应为(　　)。

A. 150m^2

B. 250m^2

C. 100m^2

D. 200m^2

23. 多个频率成分组合而形成的声音称为(　　)。

A. 复音

B. 纯音

C. 高音

D. 低音

24. (　　)属于常用测试用噪声。

A. 系统噪声和粉红噪声

B. 系统噪声和环境噪声

C. 灰噪声和环境噪声

D. 白噪声和粉红噪声

25. 声音的产生是由于(　　)。

A. 物体变形

B. 物体变质

C. 物体移动

D. 物体振动

26. 岩棉属于(　　)吸声材料。

A. 多孔

B. 共振

C. 平面

D. 透射

27. 声波存在于一定的空间中，这个空间称为(　　)。

A. 电能

B. 声能

C. 电场

D. 声场

28. 声速一定时，波长与频率的关系为(　　)。

A. 正比

B. 反比

C. 正相

D. 反相

29. 响度、音高和(　　)统称为音质三要素。

A. 音程

B. 音节

C. 音色

D. 音阶

30. 等响曲线指的是在等响度条件下(　　)和频率之间的关系曲线。

A. 声衰减

B. 声压级

C. 声功率

D. 声能量

31. 声音的频率是指声源或声波在(　　)内所振动的次数。

A. 半秒钟

B. 一秒钟

C. 半个周期

D. 一个周期

32. 波长是声波在振动(　　)内所传播的距离。

A. 半个周期

B. 一个周期

C. 两个周期

D. 四个周期

33. (　　)的单位是伏特。

A. 电容

B. 电压

C. 电波

D. 电量

34. 电流的单位是(　　)。

A. 欧姆

B. 伦琴

C. 安培

D. 法拉

35. 用符号“W”表示电功率单位(　　)。

A. 欧姆

B. 伏特

C. 瓦特

D. 法拉

36. 电流是单位时间内通过导体横截面的(　　)。

A. 电场力

B. 电压值

C. 电阻值

D. 电荷量

37. 若用 W 表示电功，用 t 表示时间，则电功率等于(　　)。

A. 2W+t+1

B. 2W−3t

C. W/t

D. 3Wt

38. (　　)不是双极型晶体三极管电极的名称。

A. 基极

B. 源极

C. 集电极

D. 发射极

39. 当电路中电流为 0 时，电路处于(　　)状态。

A. 通路

B. 短路

C. 开路

D. 支路

40. 根据部分电路的欧姆定律，某电阻阻值为 100Ω，若流过电流 0.5A，则电阻两端电压为(　　)。

A. 50V

B. 100V

C. 150V

D. 200V

41. 直流电的数值大小与时间(　　)。

A. 有关

B. 无关

C. 成正比

D. 成反比

42. 交流电在一个周期内不同时刻的瞬时大小和方向均(　　)。

A. 相同

B. 不同

C. 为 0 或 1

D. 为正

43. 将两只 20Ω 电阻相串联，等效电阻等于(　　)。

A. 10Ω

B. 20Ω

C. 40Ω

D. 60Ω

44. 三只电阻相并联，各支路电流分别为 10mA、30mA 和 60mA，则总电流为(　　)。

A. 20mA

B. 30mA

C. 50mA

D. 100mA

45. 5Ω 和 15Ω 电阻相串联，再并上一只 30Ω 电阻，则等效电阻等于(　　)。

A. 2Ω

B. 6Ω

C. 12Ω

D. 50Ω

46. 色环电阻颜色序列为橙、黑、黑、金，则其标称阻值为(　　)。

A. 2Ω

B. 3Ω

C. 20Ω

D. 30Ω

47. (　　)是晶体三极管的排列方式。

A. N 和 P

B. NPN 和 PNP

C. 稳压和开关

D. 整流和放大

48. 目前常用的 Dolby 降噪系统有(　　)。

A. Dolby-C、Dolby-D、Dolby-E

B. Dolby-D、Dolby-E、Dolby-F

C. Dolby-A、Dolby-B、Dolby-C

D. Dolby-2、Dolby-3、Dolby-4

49. 周边设备的主要作用是(　　)。

A. 放大声音

B. 播放声音

C. 拾取声音

D. 美化声音

50. 传声器的主要功能是将(　　)。

A. 电能转换成声能

B. 声能转换成电能

C. 光能转换成电能

D. 电能转换成光能

51. 扬声器的主要功能是(　　)。

A. 电能转换成声能

B. 声能转换成电能

C. 光能转换成电能

D. 电能转换成光能

52. 动圈式传声器中的振膜和音圈构成(　　)。

A. 电路系统

B. 磁路系统

C. 减振系统

D. 振动系统

53. 根据(　　)电容式传声器将声音信号转换为电信号。

A. 音圈与后极板之间形成的电压效应

B. 音圈与后极板之间形成的电容效应

C. 振膜与后极板之间形成的电压效应

D. 振膜与后极板之间形成的电容效应

54. 传声器灵敏度越高，传声器的(　　)能力越强。

A. 方向控制

B. 声电转换

C. 信号拾取

D. 信号输出

55. 通常将扬声器(　　)变化的特性，称为有效重放声音的频率范围。

A. 振幅与频率

B. 振幅与功率

C. 灵敏度随频率

D. 频率随时间

56. 传声器指向特性是(　　)之间的关系。

A. 灵敏度与声波入射方向

B. 灵敏度与声波反射方向

C. 频率与声波入射方向

D. 频率与声波反射方向

57. 功率放大器的(　　)导致功率放大器的输出信号中出现了输入信号中没有的新的频率成分。

A. 线形或非谐波失真

B. 线性或频率失真

C. 频率失真

D. 总谐波失真

58. 功率放大器的峰值音乐功率通常(　　)其额定输出功率。

A. 小于

B. 大于

C. 小于或等于

D. 大于或等于

59. 扬声器额定功率定义的前提条件是(　　)。

A. 无谐波失真

B. 谐波失真最大

C. 谐波失真最小

D. 谐波失真在允许范围内

60. 扬声器灵敏度越高(　　)越高。

A. 转换效率

B. 输入功率

C. 信号电平

D. 信号电流

61. 压力区域传声器与普通传声器相比，频响宽而平直、(　　)。

A. 当声源移动时，音质不受影响

B. 信噪比较低

C. 频响窄而起伏

D. 灵敏度较低

62. 专业无线传声器系统中，信号发射采用(　　)方式。

A. 调频

B. 调幅

C. 检波

D. 鉴频

63. 为保证传声器正常工作，要求负载阻抗应大于或等于传声器(　　)倍。

A. 输出阻抗的 3—5

B. 输入阻抗的 3—5

C. 输出阻抗的 5—8

D. 输入阻抗的 5—8

64. 当声源与传声器的(　　)成 0°时，传声器的输出效果最佳。

A. 横轴

B. 中心轴

C. 顶端

D. 两侧

65. 为保证拾取较好的声音效果，声源与传声器的中心轴线夹角应(　　)。

A. 保持在 55°

B. 越大越好

C. 保持在 30°以内

D. 越小越好

66. 在拾取大型管弦乐队的声音时，应将传声器摆放在(　　)的位置。

A. 舞台上口，离开乐队 5—7m

B. 舞台下口，离开观众 5—7m

C. 舞台上口，离开观众 1—3m

D. 舞台下口，离开乐队 10m

67. 为了更好地拾取歌手演唱流行歌曲或民歌时的声音，应将传声器置于(　　)。

A. 离嘴 1—10cm 之间

B. 离地面 1—1.5m 之间

C. 离嘴 40—60cm 之间

D. 离身体 1m 左右

68. 使用鹅颈传声器时，为了增加语言的清晰度，嘴与传声器轴心的夹角应保持在(　　)。

A. 45°以上

B. 30°以内

C. 90°以内

D. 30°以上

69. 目前，市场上对(　　)通常是用 N 来表示的。

A. 线材的长度

B. 线材的纯度

C. 吸音材料的密度

D. 吸音材料的重量

70. 音响系统中常用音频接插件有 6.35mm 二芯插头、RCA 插头和（　　）。

A. 圆型插头

B. 卡侬插头

C. 1.25cm 小二芯插头

D. 1.25cm 小三芯插头

71. 常用卡侬插头座属于（　　）接插件。

A. 单孔单脚

B. 双孔双脚

C. 三孔三脚

D. 四孔四脚

72. 卡侬插头座的连接方式包括（　　）方式。

A. 二芯

B. 低阻输入

C. 平衡

D. 高阻输入

73.（　　）是 6.35mm 大二芯插头的基本结构。

A. 口和环

B. 口和套

C. 顶和环

D. 顶和套

74. 6.35mm 大二芯插头与双芯话筒线相接时要求信号高端接在（　　）。

A. 套端

B. 环端

C. 顶端

D. 孔端

75.（　　）是大三芯插头的基本结构。

A. 顶、口和套

B. 环、孔和套

C. 顶、层和套

D. 顶、环和套

76. 6.35mm 大三芯插头的连接要求是（　　）。

A. 顶端接信号高端，环端接信号低端

B. 顶端接信号低端，环端接信号高端

C. 顶端接信号高端，套端接信号低端

D. 顶端接信号低端，套端接信号高端

77. 传声器和调音台接口匹配包括电平匹配和（　　）两方面内容。

A. 电压匹配

B. 功率匹配

C. 阻抗匹配

D. 阻尼匹配

78. 调音台上（　　）插口可以接入 MD 机的输出信号。

A. MIC

B. LINE

C. MONO

D. GROP

79. 常用视频播放设备有（　　）等。

A. CD机

B. 超级黑白适配器

C. 摄像机

D. 电视机

80. 常用视频(　　)包括监视器等。

A. 发射设备

B. 转播设备

C. 显示设备

D. 播放设备

81. 在投影机、多媒体电视机的标准扫描格式中，(　　)的意思是彩色图形适配器。

A. EAC

B. EFG

C. CGA

D. PGA

82. (　　)信号的行频为15.8kHz。

A. DUF

B. CJ

C. CGA

D. LP

83. (　　)信号的场频为60Hz。

A. DR

B. CR

C. CGA

D. TGH

84. 彩色电视制式NTSC制是(　　)。

A. 正交非平衡调幅制

B. 相位逐列交变制

C. 正交平衡调幅制

D. 相位逐行调频制

85. 在彩色电视的制式中，(　　)制被称为逐行倒相的正交平衡调幅制。

A. UPM

B. RTLC

C. PAL

D. PJL

86. 在彩色电视的制式中，(　　)制被称为行轮换调频制。

A. UPM

B. RTLCM

C. SECAM

D. PJL

87. 进行射频信号连接时，通常采用(　　)Ω的电视馈线。

A. 26

B. 18

C. 75

D. 57

88. 进行普通视频的连接时，通常采用带(　　)的连接线。

A. DIN 型插口或 UP 型插口

B. 九针插口

C. RCA 插头

D. 卡侬插座

89. 在投影机、多媒体电视机的标准扫描格式中，EGA 的意思是(　　)。

A. 单色扫描

B. 超级黑白适配器

C. 增强型图形适配器

D. 滤波扫描适配器

90. 在投影机、多媒体电视机的标准扫描格式中，(　　)的意思是视频图形陈列。

A. MON

B. VBC

C. VGA

D. PSA

91. (　　)信号的行频为 31.5 kHz。

A. WON

B. VOF

C. VGA

D. GON

92. EGA 信号的行频为(　　)。

A. 15.8 Hz

B. 31.6 Hz

C. 15.8 kHz

D. 31.6 kHz

93. SVGA 信号的场频包括(　　)。

A. 10 kHz

B. 120 kHz

C. 50 Hz

D. 110 Hz

94. (　　)信号的场频包括 70Hz。

A. IGA

B. UGH

C. VGA

D. KGH

95. 在使用指针式万用表测量 450mA—5A 电流时，应将红色表笔插在(　　)孔内。

A. 黑色 5A

B. 黑色 450mA

C. 红色 5A

D. 红色 450mA

96. 在使用指针式万用表测量 1000—2500V 交流电压时，应将红色表笔插在(　　)V 孔内。

A. 1000

B. 1250

C. 2500

D. 1550

97. 在使用指针式万用表测量 1000—2500V 直流电压时，应将红色表笔插在(　　)V 孔内。

A. 1000

B. 1200

C. 2500

D. 2200

98. 常规指针式万用表的音频电平量程为(　　)—22dB。

A. −22

B. 0

C. 5

D. −10

99. 常规指针式万用表的晶体管直流放大值量程为(　　)—300 h_{FE}。

A. 1

B. 2

C. 0

D. −300

100. 常规指针式万用表的电感量程为(　　)—1000H。

A. 170

B. 200

C. 20

D. −1000

101. 常规指针式万用表的电容量程为(　　)—0.3μF。

A. −0.1

B. 0.2

C. 0.001

D. −0.3

102. 在使用常规指针式万用表的两表笔分别碰触扬声器音圈两端时，若产生“喀喀”声，且(　　)，则说明扬声器是好的。

A. 读取的阻值为 0 或负数

B. 读取的阻值与扬声器原标阻抗值相差 10—20Ω

C. 读取的阻值与扬声器原标阻抗值相近

D. 读取的阻值为负数

103. 在使用常规指针式万用表的两表笔分别碰触扬声器音

圈两端时，若无“喀喀”声，且读取的阻值为(　　)，则说明扬声器音圈已经烧毁。

A. 200Ω

B. 1000Ω

C. 0Ω

D. 10Ω

104. 在使用常规指针式万用表的两表笔分别碰触扬声器音圈两端时，若无“喀喀”声，且读取的阻值与扬声器原标阻抗值相近，则说明扬声器(　　)。

A. 无异常

B. 音圈被烧毁

C. 音圈被卡死

D. 音圈正常工作

105. 用万用表测晶体二极管极性时，测得(　　)为正极。

A. 电流较大的红表笔端

B. 电流较小的红表笔端

C. 阻值较小的黑表笔端

D. 阻值较大的黑表笔端

106. 测晶体二极管电阻值时，万用表的红表笔端(　　)。

A. 为正电容端

B. 为高电容端

C. 为电源负极

D. 为电源正极

107. 在使用常规指针式万用表的两表笔分别碰触扬声器音圈两端时，若读取的阻值无穷大，则说明扬声器(　　)。

A. 无异常

B. 音圈被烧毁

C. 音圈已断路

D. 音圈正常工作

108. 在使用常规指针式万用表检查电容器是否漏电时，（ ）。

A. 红、黑表笔同时接电容器的正极

B. 红表笔应接电容器的正极

C. 黑表笔应接电容器的正极、红表笔应接电容器的负极

D. 黑表笔应同时接电容器的正、负极

109. 若长度为 80m，常规直径的整圈线电阻值为（ ），则证明是劣质线材。

A. 8Ω 以上

B. 2—7Ω

C. 5Ω 以下

D. 12Ω 以下

110. 在使用常规指针式万用表检查连线时，若表的读数为（ ），则证明连接线是好的。

A. 为负数

B. 5—15Ω 左右

C. 0Ω 左右

D. 10Ω 左右

111. 在使用常规指针式万用表检查连接线时，若表的读数为（ ），则证明连线断线了。

A. 负数

B. 5—15Ω 左右

C. 无穷大

D. 1Ω 左右

112. 消磁器是通过打乱磁性材料 N、(　　)极的有序排列，来达到消磁的目的。

A. M

B. R

C. S

D. K、L

113. 对多路(　　)进行混合加工、音质处理及电压放大的设备称为调音台。

A. 高频信号

B. 噪声信号

C. 音频信号

D. 视频信号

114. 调音台是整个(　　)控制中枢。

A. 视频

B. 通讯

C. 音响

D. 电力

115. 如果需要调音台输出单声道信号，可以从(　　)插口输出信号。

A. AUX

B. GRP

C. MONO

D. GAIN

116. 通常把 24 路以上的调音台称为(　　)型调音台。

A. 小

B. 超小

C. 大

D. 小

117. (　　)上 MONITOR 输出监听信号。

A. 分频器

B. 均衡器

C. 调音台

D. 压限器

118. 使用调音台时，应通过增益调节旋钮控制音频信号(　　)。

A. 到 PEAK 灯处于始终闪亮状态

B. 到 PEAK 灯处于偶尔闪亮状态

C. 到 CLK 灯处于始终闪亮状态

D. 到 CLK 灯处于始终不亮状态

119. 调音台使用结束后，应最后关掉(　　)。

A. 功放开关

B. 后置设备

C. 调音台电源

D. 前置设备

120. 0dBm 对应(　　)dBv。

A. －0.8

B. －3.6

C. －2.2

D. ＋12

121. (　　)dBm 对应＋1.78 dBv。

A. －1.78

B. －3.6

C. ＋4

D. ＋12

122. 我国通信线路所采用的架空明线特性阻抗是(　　)Ω。

A. 1000

B. 800

C. 600

D. 1200

123. dBv 一般是指民用、家用音响设备的(　　)。

A. 输入电容

B. 输出电量

C. 输出电平

D. 输入电荷

124. 实际电压(　　)对应＋2.2dBm。

A. 100N

B. 0.44S

C. 1.0V

D. 0.55C

125. 实际电压(　　)对应－3.8dBm。

A. 7.6N

B. 0.76S

C. 0.5V

D. 1.9C

126. 实际电压 0.1V 对应(　　)dBm。

A. －17.8

B. ＋10.2

C. －5

D. ＋5

127. 调音台上的(　　)Control 装置可用来进行声像调节。

A. DN

B. CAM

C. PAN

D. MU

128. 调音台输入通道上的 PEAK 是峰值指示灯，作输入信号的(　　)提示。

A. 正常

B. 反馈

C. 过荷

D. 接通

129. 调整输入电平时，调音台通道上的均衡器旋钮要全部置于(　　)刻度线位置。

A. ＋1 或－1

B. 最高

C. 0

D. ＋10 或－10

130. 常见的均衡器包括搁架形均衡器、(　　)、峰谷形均衡器。

A. 相位均衡器、频谱形均衡器

B. 频谱形均衡器

C. 图示均衡器

D. 压限均衡器

131. 31 频段均衡器从(　　)—20kHz 按三分之一倍频程分布中心频率。

A. 16kHz

B. 5kHz

C. 20Hz

D. 2kHz

132. 汉语发音的能量分布在(　　)。

A. 60Hz—1.5kHz

B. 850Hz—7.5kHz

C. 100Hz—5kHz

D. 30Hz—10.5kHz

133. 女高音的基频是(　　)。

A. 60Hz—1.5kHz

B. 850Hz—7.5kHz

C. 1046.5Hz

D. 2230.5Hz

134. 男高音的基频是(　　)。

A. 60Hz—1.5kHz

B. 850Hz—7.5kHz

C. 820.4Hz

D. 1640.8Hz

135. 在效果器的功能面板上，“调整”用英文表示为(　　)。

A. bass

B. adway

C. adjust

D. pass

136. 在效果器的功能面板上，“程序”用英文表示为(　　)。

A. pass

B. padol

C. program

D. pham

137. 在效果器的功能面板上，“改变”用英文表示为(　　)。

A. vass

B. vadol

C. variation

D. vam

138. 在效果器的功能面板上，“旁路”用英文表示为(　　)。

A. bass

B. conway

C. bypass

D. pass

139. 在效果器的功能面板上，“节奏”用英文表示为(　　)。

A. qass

B. wadol

C. tap

D. maukly

140. 在效果器的功能面板上，“效果”用英文表示为(　　)。

A. skip

B. wadoly

C. effects

D. motion

141. 在效果器上，“颤音”用英文表示为(　　)。

A. skip

B. wadoly

C. tremolo

D. motion

142. 在效果器上，“移调”用英文表示为(　　)。

A. pop

B. padoly

C. pitch

D. potion

143. 在均衡器上，用英文(　　)表示“削波”。

A. pan

B. input

C. clip

D. master

144. 在效果器上，用英文(　　)表示“延时”。

A. delay

B. decay

C. peak

D. balance

145. (　　)的单位是 cd。

A. 声场饱和度

B. 光照时间

C. 发光强度

D. 色彩明暗度

146. 亮度的单位是(　　)。

A. dl/m^4

B. qm/m^3

C. cd/m^2

D. qd/m

147. 天然月光的(　　)。

A. 色相是 1100H

B. 色差是 3100H

C. 色温是 4100K

D. 色感是 2100K

148. 天然日光的色温是 4600—(　　)K。

A. 7100

B. 8450

C. 5800

D. 6400

149. 白炽灯（100W）的色温是(　　)K。

A. 6140

B. 1450

C. 2700

D. 3400

150. 高压钠灯的色温是(　　)K。

A. 1700

B. 7000

C. 3400

D. 2100

151. 荧光灯的色温是 3000—(　　)K。

A. 8500

B. 9050

C. 7500

D. 8000

152. 用加色法可将红光、绿光混合形成（　　）。

A. 白光

B. 浅红光

C. 黄光

D. 深绿光

153. 用加色法可将（　　）、绿光混合形成青光。

A. 白光

B. 紫光

C. 蓝光

D. 红光

154. 用加色法可将蓝光、红光混合形成（　　）。

A. 白光

B. 青光

C. 品红光

D. 深绿光

155. 在实际工作中，可以通过从白光中滤除（　　）的方式得到黄光。

A. 紫光

B. 红光

C. 蓝光

D. 绿光

156.（　　）的作用是通过文字或图案向人们做出提示。

A. 舞台照明灯

B. 电脑照明灯

C. 标志照明灯

D. 面光照明灯

157. 应急照明灯的作用是在公共场所防止出现意外或突发性事故采用(　　)供给照明。

A. 自备电源

B. 高频电源

C. 外接电源

D. 低频电源

158. 按照光源构成划分，歌舞厅灯具可以分为固体发光光源和(　　)。

A. 气体放电光源

B. 液体发光光源

C. 流体发光光源

D. 软体发光光源

159. 按照光学特点划分，歌舞厅灯具可分为(　　)和聚光灯。

A. 泛光灯

B. 面光灯

C. 冷光灯

D. 闪光灯

160. 歌舞厅灯具按照控制方法划分，可分为(　　)等。

A. 人工控制灯、机械控制灯

B. 柔光灯、声控灯

C. 人工闪光灯、机械闪光灯

D. 逆光灯、程控灯

得　分	
评分人	

二、判断题（第 161 题～第 200 题。将判断结果填入括号中。正确的填“√”，错误的填“×”。每题 0.5 分，满分 20 分。）

161.（　）企业文化对企业具有整合的功能。

162.（　）声波在传播过程中遇到障碍物时会产生涡流现象。

163.（　）“方”是表示声音音调高低的专用单位。

164.（　）用 1kHz 纯音的声压级倍数表示相同响度的其他声音的响度级“方”。

165.（　）电场力将单位正电荷从 A 点移动到 B 点所做的功称为电功率。

166.（　）最基本的电路由电压、电流和电场组成。

167.（　）去耦是电路三种工作状态之一。

168.（　）电容器的三个主要参数中包含型号。

169.（　）制作晶体三极管的材料有铅和硅。

170.（　）高、低通滤波器通常以衰减大于 4dB 的频率范围为通频带。

171.（　）传声器属于周边设备。

172.（　）压电式传声器是常用传声器之一。

173.（　）动圈式传声器工作时需要电源供电。

174.（　）电容式传声器主要由振膜和音圈两部分构成。

175.（　）功率放大器工作在最佳状态下，减少负载系统电阻，如扬声器连接线的电阻，有利于增加阻尼系数。

176.（　）功率放大器的额定输出功率通常大于功率放大器的最大输出功率。

177.（ ）根据我国有关标准规定，安全电压最高为 110V，在潮湿环境要低于 110V。

178.（ ）电器设备的保护接地是指将电器设备的外壳同零线之间牢固连接。

179.（ ）在一般的会议场所，单指向性的心形传声器应摆放在距离声源 60cm 左右。

180.（ ）通常传声器的幻象供电电压值是＋10V。

181.（ ）为了提高信号传输效率，调音台输入阻抗应等于传声器输出阻抗。

182.（ ）调音台上的 MIC 插口可以与 CD 机的输出相连接。

183.（ ）RGB 信号的连接通常采用九针插口。

184.（ ）DVD 分量的连接通常采用 DIN 型插口。

185.（ ） SVGA 信号的行频为 23.8kHz。

186.（ ） EGA 信号的场频为 90 Hz。

187.（ ）在使用常规指针式万用表检查电容器是否漏电时，若读取的阻值为 0，则说明电容器正常。

188.（ ）若长度为 20m，常规直径的整圈线电阻值为 20—35Ω，则证明是优质线材。

189.（ ）调音台主要由输入部分，功放部分，监听部分及母线部分组成。

190.（ ）－10dBm 对应＋10dBv。

191.（ ）实际电压 2S 对应－2dBm。

192.（ ）均衡器的主要作用是控制电源。

193.（ ）英语发音的能量分布在 15Hz—15kHz。

194.（ ）进行均衡器电平控制应做到输出信号削波。

195.（ ）效果器用于模仿多种视频环境。

196.（　）在效果器的功能面板上，mix 的中文意义是“暂停”。

197.（　）光通量的单位是 rm。

198.（　）每消耗 10 单位电流值所发出的光通量的数量，称为发光效率。

199.（　）灯具按其功能和动作方式划分，不包括固定型。

200.（　）应急照明灯的特点是正常情况下处于照明状态。

职业技能鉴定国家题库

音响调音员（初级）理论知识试卷答案

一、单项选择（第1题～第160题。选择一个正确的答案，将相应的字母填入题内的括号中。每题0.5分，满分80分。）

1.C 2.B 3.A 4.D 5.A 6.D 7.A 8.D 9.B 10.B
11.B 12.C 13.C 14.D 15.C 16.D 17.C 18.C 19.D
20.C 21.A 22.C 23.A 24.D 25.D 26.A 27.D 28.B
29.C 30.B 31.B 32.B 33.B 34.C 35.C 36.D 37.C
38.B 39.C 40.A 41.B 42.B 43.C 44.D 45.C 46.D
47.B 48.C 49.D 50.B 51.A 52.D 53.D 54.B 55.C
56.A 57.D 58.B 59.D 60.A 61.A 62.A 63.A 64.B
65.C 66.A 67.A 68.B 69.B 70.B 71.C 72.C 73.D
74.C 75.D 76.A 77.C 78.B 79.C 80.C 81.C 82.C
83.C 84.C 85.C 86.C 87.C 88.C 89.C 90.C 91.C
92.C 93.C 94.C 95.C 96.C 97.C 98.C 99.C
100.C 101.C 102.C 103.C 104.C 105.C 106.C
107.C 108.C 109.A 110.C 111.C 112.C 113.C
114.C 115.C 116.C 117.C 118.B 119.C 120.C
121.C 122.C 123.C 124.C 125.C 126.A 127.C
128.C 129.C 130.C 131.C 132.C 133.C 134.C
135.C 136.C 137.C 138.C 139.C 140.C 141.C
142.C 143.C 144.A 145.C 146.C 147.C 148.C
149.C 150.D 151.C 152.C 153.C 154.C 155.C
156.C 157.A 158.A 159.A 160.A

二、判断题（第 161 题～第 200 题。将判断结果填入括号中。正确的填“√”，错误的填“×”。每题 0.5 分，满分 20 分。）

161. √　162. ×　163. ×　164. ×　165. ×　166. ×　167. ×
168. ×　169. ×　170. ×　171. ×　172. ×　173. ×　174. ×
175. √　176. ×　177. ×　178. ×　179. ×　180. ×　181. ×
182. ×　183. ×　184. ×　185. ×　186. ×　187. ×　188. ×
189. ×　190. ×　191. ×　192. ×　193. ×　194. ×　195. ×
196. ×　197. ×　198. ×　199. ×　200. ×

《国家职业技能鉴定理论知识考试复习指导丛书》

*摄影师（初）12.00元
*摄影师（中）12.00元
*摄影师（高）16.00元
*调酒师（初）12.00元
*调酒师（中）14.00元
*调酒师（高）16.00元
修脚师（初）12.00元
修脚师（中）14.00元
修脚师（高）16.00元
制图员（初）12.00元
制图员（中）14.00元
制图员（高）16.00元
音响调音员（初）12.00元
音响调音员（中）14.00元
音响调音员（高）16.00元
*加工中心操作工（中）14.00元
*加工中心操作工（高）16.00元
*眼镜定配工（初）12.00元
*眼镜定配工（中）14.00元
*眼镜定配工（高）16.00元
*眼镜验光员（初）12.00元
*眼镜验光员（中）14.00元
*眼镜验光员（高）16.00元
前厅服务员（初）12.00元
前厅服务员（中）14.00元
前厅服务员（高）16.00元
营养配餐员（中）14.00元
营养配餐员（高）16.00元
*组合机床操作工（初）12.00元
*组合机床操作工（中）14.00元
*组合机床操作工（高）16.00元
*贵金属首饰手工制作工（初）12.00元
*贵金属首饰手工制作工（中）14.00元
*贵金属首饰手工制作工（高）16.00元

《职业技能鉴定国家题库——操作技能考试手册》

*摄影师（初）12.00元
*摄影师（中）14.00元
*摄影师（高）16.00元
修脚师（初）12.00元
修脚师（中）14.00元
修脚师（高）16.00元
制图员（初）12.00元
制图员（中）14.00元
制图员（高）16.00元
*加工中心操作工（中）14.00元
*加工中心操作工（高）16.00元
音响调音员（初）12.00元
音响调音员（中）14.00元
音响调音员（高）16.00元
前厅服务员（初）12.00元
前厅服务员（中）14.00元
前厅服务员（高）16.00元
*装配钳工（初）12.00元
*装配钳工（中）14.00元
*装配钳工（高）16.00元
*贵金属首饰手工制作工（初）12.00元
*贵金属首饰手工制作工（中）14.00元
*贵金属首饰手工制作工（高）16.00元

标注“＊”的为国家就业准入职业